에듀윌과 함께 시작하면,
당신도 합격할 수 있습니다!

오랜 직장 생활을 마감하며 찾아온 앞날에 대한 막연한 두려움
에듀윌만 믿고 공부해 합격의 길에 올라선 50대 은퇴자

출산한지 얼마 안돼 독박 육아를 하며 시작한 도전!
새벽 2~3시까지 공부해 8개월 만에 동차 합격한 아기엄마

만년 가구기사 보조로 5년 넘게 일하다, 달리는 차 안에서도
포기하지 않고 공부해 이제는 새로운 일을 찾게 된 합격생

누구나 합격할 수 있습니다.
시작하겠다는 '다짐' 하나면 충분합니다.

마지막 페이지를 덮으면,

에듀윌과 함께
공인중개사 합격이 시작됩니다.

14년간 베스트셀러 1위
에듀윌 공인중개사 교재

기초부터 확실하게 기초/기본 이론

기초입문서(2종)

기본서(6종)

출제경향 파악 기출문제집

단원별 기출문제집(6종)

다양한 출제 유형 대비 문제집

기출응용 예상문제집(6종)

<이론/기출문제>를 단기에 단권으로 단단

단단(6종)

부족한 부분을 빠르게 보강하는 요약서/실전대비 교재

1차 핵심요약집+기출팩

임선정 그림 암기법
(공인중개사법령 및 중개실무)

오시훈 키워드 암기장
(부동산공법)

심정욱 합격패스 암기노트
(민법 및 민사특별법)

심정욱 핵심체크 OX
(민법 및 민사특별법)

합격을 위한 비법 대공개 합격서

이영방 합격서
부동산학개론

심정욱 합격서
민법 및 민사특별법

임선정 합격서
공인중개사법령 및 중개실무

김민석 합격서
부동산공시법

한영규 합격서
부동산세법

오시훈 합격서
부동산공법

신대운 합격서
쉬운 민법체계도

합격을 결정하는 파이널 교재

이영방 필살키

심정욱 필살키

임선정 필살키

오시훈 필살키

김민석 필살키

한영규 필살키

신대운 필살키

회차별 기출문제집
(2종)

실전모의고사
(2종)

더 많은
공인중개사 교재

공인중개사,
에듀윌을 선택해야 하는 이유

8년간 아무도 깨지 못한 기록
합격자 수 1위

합격을 위한 최강 라인업
1타 교수진

공인중개사

합격만 해도 연 최대 300만원 지급
에듀윌 앰배서더

업계 최대 규모의 전국구 네트워크
동문회

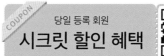

합격자 수 1위 에듀윌
6만 5천 건이 넘는 후기

고○희 합격생

부알못, 육아맘도 딱 1년 만에 합격했어요.

저는 부동산에 관심이 전혀 없는 '부알못'이었는데, 부동산에 관심이 많은 남편의 권유로 공부를 시작했습니다. 남편 지인들이 에듀윌을 통해 많이 합격했고, '합격자 수 1위'라는 광고가 좋아 에듀윌을 선택하게 되었습니다. 교수님들이 커리큘럼대로만 하면 된다고 해서 믿고 따라갔는데 정말 반복 학습이 되더라고요. 아이 둘을 키우다 보니 낮에는 시간을 낼 수 없어서 밤에만 공부하는 게 쉽지 않아 포기하고 싶을 때도 있었지만 '에듀윌 지식인'을 통해 합격하신 선배님들과 함께 공부하는 동기들의 위로가 큰 힘이 되었습니다.

이○용 합격생

군복무 중에 에듀윌 커리큘럼만 믿고 공부해 합격

에듀윌이 합격자가 많기도 하고, 교수님이 많아 제가 원하는 강의를 고를 수 있는 점이 좋았습니다. 또, 커리큘럼이 잘 짜여 있어서 잘 따라만 가면 공부를 잘 할 수 있을 것 같아 에듀윌을 선택했습니다. 에듀윌의 커리큘럼대로 꾸준히 따라갔던 게 저만의 합격 비결인 것 같습니다.

안○원 합격생

5개월 만에 동차 합격, 낸 돈 그대로 돌려받았죠!

저는 야쿠르트 프레시매니저를 하다 60세에 도전하여 합격했습니다. 심화 과정부터 시작하다 보니 기본이 부족했는데, 교수님들이 하라는 대로 기본 과정과 책을 더 보면서 정리하며 따라갔던 게 주효했던 것 같습니다. 합격 후 100만 원 가까이 되는 큰 돈을 환급받아 남편이 주택관리사 공부를 한다고 해서 뒷받침해 줄 생각입니다. 저는 소공(소속 공인중개사)으로 활동을 하고 싶은 포부가 있어 최대 규모의 에듀윌 동문회 활동도 기대가 됩니다.

다음 합격의 주인공은 당신입니다!

더 많은
합격 비법

처음에는 당신이 원하는 곳으로
갈 수는 없겠지만,
당신이 지금 있는 곳에서
출발할 수는 있을 것이다.

– 작자 미상

➕ 합격할 때까지 책임지는 개정법령 원스톱 서비스!

법령 개정이 잦은 공인중개사 시험. 일일이 찾아보지 마세요!
에듀윌에서는 필요한 개정법령만을 빠르게! 한번에! 제공해 드립니다.

에듀윌 도서몰 접속 (book.eduwill.net)	▶	우측 정오표 아이콘 클릭	▶	카테고리 공인중개사 설정 후 교재 검색

개정법령
확인하기

2 0 2 4

에듀윌 공인중개사

신대운
필살기

최종이론 & 마무리OX지문

민법 및 민사특별법

합격의 문을 여는
마지막 열쇠

마지막까지 포기하지 않고
합격의 길로 이끌어드리겠습니다.

공인중개사 시험이 과거에 비해 상당히 어려워졌고, 특히 민법은 다른 전문자격 시험(변리사, 감정평가사)의 민법과 수준이 비슷하거나 오히려 감정평가사 민법 보다 다소 높은 난도를 보이기도 하는 어려운 과목이 되었습니다. 따라서 민법을 제대로 학습하지 못한다면 공인중개사 자격증을 취득하는 것이 상당히 어려우며, 민법을 60점 이상 맞아 합격하기 위해서는 철저히 실전에 대비하여 학습해야 합니다.

민법은 암기가 아니라 법 논리로 이해해야 하는 과목입니다. 따라서 필살키 교재와 강의를 통해 중요하다고 강조하는 내용들을 집중해서 반복학습하면 실제 시험에서 키워드를 잡아 정답을 바로 선택할 수 있을 것입니다. 또한, 강의와 더불어 합격서와 단원별 기출문제집 그리고 필살키와 동형 모의고사로 마무리 학습한다면, 80점 이상의 고득점 합격도 가능합니다.

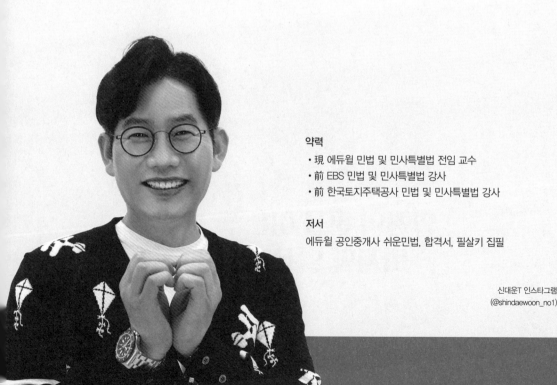

약력
- 現 에듀윌 민법 및 민사특별법 전임 교수
- 前 EBS 민법 및 민사특별법 강사
- 前 한국토지주택공사 민법 및 민사특별법 강사

저서
에듀윌 공인중개사 쉬운민법, 합격서, 필살키 집필

신대운T 인스타그램
(@shindaewoon_no1)

필살키는 최종 정리용으로 집필한 오답노트 겸 출제예상문제집이며, 본서의 특징은 다음과 같습니다.

첫째, 시험에서 가장 정리가 어렵고 헷갈려서 나올 때마다 자주 틀리는 부분들을 중점적으로 비교해서 정리했습니다.

둘째, 비교정리된 내용들을 바로 적용하여 쉽게 문제를 풀 수 있도록 오답노트 형식으로 판례 · 조문 · 이론을 별도로 정리했습니다.

셋째, 올해 시험에 출제가 예상되는 문제들을 쟁점별로 정리했습니다. 특히 매년 시험에 출제되어 올해에도 출제가 예상되는 지문들을 모두 실제 시험 지문과 동일하게 정리했습니다.

처음에는 방대한 내용을 이해하며 습득하는 것이 중요하고, 이후 습득한 지식을 시험에 적용할 수 있도록 기출문제집을 많이 풀면서 실전능력을 키우는 것이 중요합니다. 그리고 최종적으로 시험을 볼 때마다 헷갈려서 틀리는 부분들을 명확하게 정리하는 과정이 꼭 필요합니다. 이에 최종 정리용으로써 필살키 교재가 여러분 합격의 마지막 열쇠가 될 것임을 확신합니다.

마지막으로 본서가 출간될 수 있도록 애써주신 에듀윌 대표님과 출판사업본부 직원분들께 감사의 인사를 드립니다.

"오늘도 서재에서 수험생분들의 합격을 위해서 판례와 조문을 연구하면서 희열을 느낀다."

합격의 길에 대운이 함께하겠습니다.

필살키 구성 및 특장점

더 간결하게 핵심만 모은 **최종이론**

필수이론만
12개 PART로 정리

혼동하기 쉬운 내용을
판례 · 조문 · 이론 확인으로
최종 정리

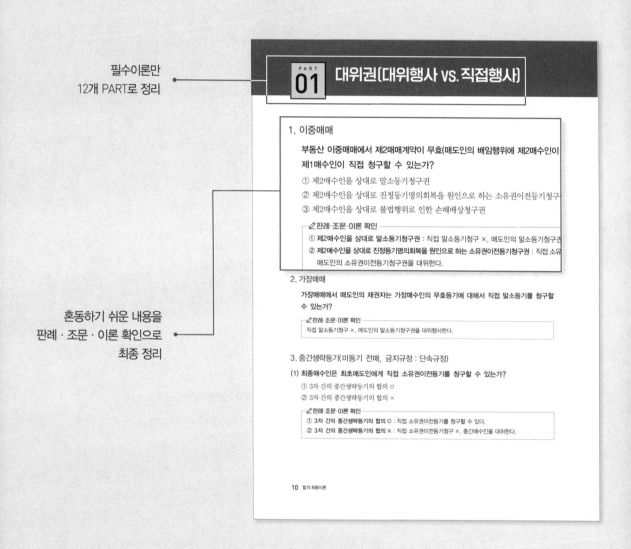

PART 01 대위권(대위행사 vs. 직접행사)

1. 이중매매

부동산 이중매매에서 제2매매계약이 무효(매도인의 배임행위)에 제2매수인이
제1매수인이 직접 청구할 수 있는가?

① 제2매수인을 상대로 말소등기청구권
② 제2매수인을 상대로 진정등기명의회복을 원인으로 하는 소유권이전등기청구
③ 제2매수인을 상대로 불법행위로 인한 손해배상청구권

🖉 판례·조문·이론 확인
① 제2매수인을 상대로 말소등기청구권 : 직접 말소등기청구 ×, 매도인의 말소등기청구권
② 제2매수인을 상대로 진정등기명의회복을 원인으로 하는 소유권이전등기청구권 : 직접 소유
　매도인의 소유권이전등기청구권을 대위한다.

2. 가장매매

가장매매에서 매도인의 채권자는 가장매수인의 무효등기에 대해서 직접 말소등기를 청구할
수 있는가?

🖉 판례·조문·이론 확인
직접 말소등기청구 ×, 매도인의 말소등기청구권을 대위행사한다.

3. 중간생략등기(미등기 전매, 금지규정 : 단속규정)

(1) 최종매수인은 최초매도인에게 직접 소유권이전등기를 청구할 수 있는가?

① 3자 간의 중간생략등기의 합의 ○
② 3자 간의 중간생략등기의 합의 ×

🖉 판례·조문·이론 확인
① 3자 간의 중간생략등기의 합의 ○ : 직접 소유권이전등기를 청구할 수 있다.
② 3자 간의 중간생략등기의 합의 × : 직접 소유권이전등기청구 ×, 중간매수인을 대위한다.

10 합격 최종이론

☑ 필살키만의 3가지 특장점

필 수이론만 담았다!

복잡한 머릿속을 단기간에 정리할 수
있도록 방대한 이론을 요약하고 또 요
약했습니다.

살 을 덧붙이는 연계학습 구성!

필살키 지문에 [2024 에듀윌 신대운
합격서]의 페이지를 표기하여 더 상세
한 이론을 신속히 확인할 수 있습니다.

키 (기)적의 마무리 OX지문!

올해 가장 출제가 유력해 보이는 지문
만을 수록하여 합격을 위한 마지막 마
무리를 할 수 있습니다.

꼭 필요한 지문만 담은 **마무리 OX지문**

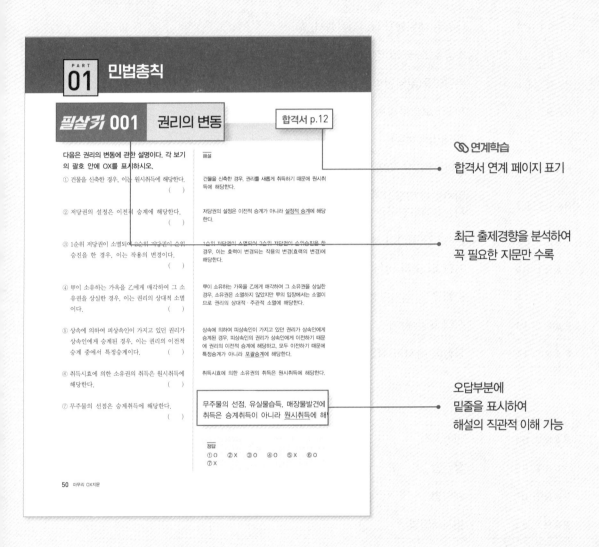

연계학습
합격서 연계 페이지 표기

최근 출제경향을 분석하여
꼭 필요한 지문만 수록

오답부분에
밑줄을 표시하여
해설의 직관적 이해 가능

☑ 합격자들의 3가지 필살키 활용 TIP

TIP 1 단권화

필살키 교재를 최종 요약집으로 만들고
다회독하였어요!

합격자 장**

TIP 2 다회독

필살키 교재를 3번 이상 반복 학습한
것이 제 합격의 비결입니다!

합격자 나**

TIP 3 정답 키워드 찾기

정답 및 오답 키워드를 찾는 연습을 반복했
더니 답이 보이기 시작했어요~

합격자 김**

필살키 차례

필살키 200% 활용법!

에듀윌 공인중개사 홈페이지(land.eduwill.net)에서 필살키를 교재로 활용하는 강의를 함께 수강해보세요!

강의 소개 및
수강신청 바로가기

합격
최종이론

대위권(대위행사 vs. 직접행사)

1. 이중매매

부동산 이중매매에서 제2매매계약이 무효(매도인의 배임행위에 제2매수인이 적극가담)인 경우 제1매수인이 직접 청구할 수 있는가?

① 제2매수인을 상대로 말소등기청구권

② 제2매수인을 상대로 진정등기명의회복을 원인으로 하는 소유권이전등기청구권

③ 제2매수인을 상대로 불법행위로 인한 손해배상청구권

> ✎ 판례·조문·이론 확인
>
> ① 제2매수인을 상대로 말소등기청구권 : 직접 말소등기청구 ×, 매도인의 말소등기청구권을 대위한다.
>
> ② 제2매수인을 상대로 진정등기명의회복을 원인으로 하는 소유권이전등기청구권 : 직접 소유권이전등기 청구 ×, 매도인의 소유권이전등기청구권을 대위한다.
>
> ③ 제2매수인을 상대로 불법행위로 인한 손해배상청구권 : 반사회적 법률행위는 불법행위에 해당한다. 따라서 직접 청구할 수 있다.

2. 가장매매

가장매매에서 매도인의 채권자는 가장매수인의 무효등기에 대해서 직접 말소등기를 청구할 수 있는가?

> ✎ 판례·조문·이론 확인
>
> 직접 말소등기청구 ×, 매도인의 말소등기청구권을 대위행사한다.

3. 중간생략등기(미등기 전매, 금지규정 : 단속규정)

(1) 최종매수인은 최초매도인에게 직접 소유권이전등기를 청구할 수 있는가?

① 3자 간 중간생략등기의 합의 ○

② 3자 간 중간생략등기의 합의 ×

> ✎ 판례·조문·이론 확인
>
> ① 3자 간 중간생략등기의 합의 ○ : 직접 소유권이전등기를 청구할 수 있다.
>
> ② 3자 간 중간생략등기의 합의 × : 직접 소유권이전등기청구 ×, 중간매수인을 대위한다.

(2) 소유권이전등기청구권(채권)을 양도받은 양수인은 최초매도인을 상대로 직접 소유권이전등기를 청구할 수 있는가?

> ✎ 판례·조문·이론 확인
> 양도에 대해서 매도인의 동의가 없는 경우 양도인은 매도인에게 직접 소유권이전등기청구 ×

(3) 토지거래허가구역 내의 토지매매에서 최종양수인이 최초양도인에게 직접 허가신청절차의 협력의무 이행을 청구할 수 있는가?

> ✎ 판례·조문·이론 확인
> 직접 청구 ×, 중간매수인의 협력청구권을 대위행사할 수 있다.

4. 임차인에게 물권적 청구권이 인정되는가?

(1) 임대차 등기 ○

(2) 임대차 등기 ×

　① 임차인이 점유 ○

　② 임차인이 점유 ×

> ✎ 판례·조문·이론 확인
> (1) 임대차 등기 ○ : 임차인은 임차권에 기한 물권적 청구권을 직접 행사할 수 있다.
> (2) 임대차 등기 ×
> 　① 임차인이 점유 ○ : 임차인은 점유권에 기한 물권적 청구권을 행사할 수 있다.
> 　② 임차인이 점유 × : 임차인은 임대인의 물권적 청구권을 대위행사할 수 있다.

5. 시효완성 후 등기 전에 제3자가 점유를 승계한 경우(점유를 승계한 자는 점유 자체와 하자만 승계하고, 점유로 인한 법률효과는 승계하지 못한다)

점유승계인이 자신의 취득시효가 아니라 전 점유자의 취득시효완성의 효과를 주장하는 경우, 점유를 승계한 자가 시효완성 당시 소유자에게 직접 이전등기를 청구할 수 있는가?

> ✎ 판례·조문·이론 확인
> 점유승계인이 취득시효를 완성한 것이 아니므로 직접 소유권이전등기청구 ×, 시효완성자의 소유권이전등기청구권을 대위행사할 수 있다.

6. 시효완성 후 등기 전에 소유자가 변경된 경우

(1) 제3자의 등기가 무효등기인 경우, 시효완성자가 제3자의 무효등기에 대해서 직접 말소등기를 청구할 수 있는가?

> ✎ 판례·조문·이론 확인
>
> 시효완성자는 채권자에 불과하기 때문에 직접 말소등기청구 ×, 시효완성 당시 소유자의 말소등기청구권을 대위행사할 수 있다.

(2) 제3자가 상속인인 경우, 시효완성자가 상속인을 상대로 직접 소유권이전등기를 청구할 수 있는가?

> ✎ 판례·조문·이론 확인
>
> 상속인은 시효완성 당시 소유자지위를 승계하기 때문에 상속인을 상대로 소유권이전등기청구권을 직접 행사할 수 있다.

(3) 소유자 변동 시를 새로운 기산점으로 삼아서 20년이 경과한 경우, 재취득시효가 인정되는가?

> ✎ 판례·조문·이론 확인
>
> 소유자 변동 시를 새로운 기산점으로 삼아서 20년이 경과한 경우, 재취득시효가 인정된다.

(4) 시효완성 당시 소유자 명의의 등기가 무효등기인 경우, 시효완성자가 직접 이전등기를 청구할 수 있는가?

> ✎ 판례·조문·이론 확인
>
> 무효등기 명의자를 상대로 직접 소유권이전등기청구 ×, 진정소유자의 말소등기청구권을 대위행사할 수 있다.

소급효(소급 vs. 장래)

1. 무권대리에서 본인의 추인효과(제133조)

본인은 무권대리행위의 효과를 받고 싶다면 추인할 수 있다.

> ✍ 판례·조문·이론 확인
>
> 과거 무권대리행위의 효과를 인정하는 것이므로 소급효 ○

2. 무권리자의 처분행위에서 권리자의 추인효과

권리자가 추인하면 계약의 효과가 권리자에게 귀속된다.

> ✍ 판례·조문·이론 확인
>
> 과거 무권리자의 처분행위의 효과를 인정하는 것이므로 소급효 ○(무권대리 추인규정을 유추적용한다)

3. 허가구역 내 토지매매에서 허가를 받은 경우

매매계약은 유동적 무효에서 확정적 유효가 된다.

> ✍ 판례·조문·이론 확인
>
> 과거 매매계약의 효과(유동적 무효)를 유효로 인정하는 것이므로 소급효 ○

4. 취소권행사의 효과(제141조) / 비교 : 근로계약의 취소

취소하면 유동적 유효인 법률행위는 확정적 무효가 된다.

① 취소권행사의 효과(제141조)
② 근로계약의 취소

> ✍ 판례·조문·이론 확인
>
> ① **취소권행사의 효과(제141조)** : 과거의 법률행위를 무효로 만드는 것이므로 소급효 ○
> ② **근로계약의 취소** : 이미 행해진 노무제공을 인정하여 근로자가 임금받는 것을 인정해야 하므로 소급효 ×

5. 무효행위의 추인(제139조)

무효임을 알고 추인한 때에는 새로운 법률행위로 본다.

> ✎ 판례·조문·이론 확인
>
> 과거의 무효와 상관없는 새로운 법률행위로 보기 때문에 소급효 ✕

6. 조건성취의 효과(제147조)

정지조건인 경우에는 법률행위의 효력이 발생하고, 해제조건인 경우에는 법률행위의 효력이 소멸한다.

① 원칙

② 예외

> ✎ 판례·조문·이론 확인
>
> ① **원칙** : 소급효 ✕(조건을 성취한 때부터 효력이 발생하거나 소멸한다)
>
> ② **예외** : 소급효 ○(특약)

7. 기한도래의 효과(제152조)

시기인 경우에는 기한 도래 시 법률행위의 효력이 발생하고, 종기인 경우에는 기한 도래 시 법률행위의 효력이 소멸한다.

> ✎ 판례·조문·이론 확인
>
> 언제나 소급효 ✕(도래한 때부터 효력이 발생하거나 소멸한다)

8. 청구권보전을 위한 가등기가 경료되고 이후에 본등기가 경료된 경우

(1) 본등기의 순위

(2) 물권변동의 시기

> ✎ 판례·조문·이론 확인
>
> (1) **본등기의 순위** : 소급효 ○(가등기 시로 소급한다)
>
> (2) **물권변동의 시기** : 소급효 ✕(본등기 시 발생한다)

9. 취득시효완성의 효과(제247조)

> ✍️ **판례·조문·이론 확인**
> 소급효 ○(점유개시 시로 소급한다)

10. 공유물 분할의 효과

(1) 협의분할

(2) 재판상 분할

> ✍️ **판례·조문·이론 확인**
> (1) 협의분할 : 소급효 ×
> (2) 재판상 분할 : 소급효 ×

11. 해제의 효과(제548조)

해제하면 계약은 소멸한다.

> ✍️ **판례·조문·이론 확인**
> 과거의 계약을 소멸시키는 것이므로 소급효 ○

12. 해지의 효과(제550조)

해지하면 계약은 소멸한다.

> ✍️ **판례·조문·이론 확인**
> 그동안의 효력은 인정하고 계약의 효력을 앞으로 중지시키는 것이므로 소급효 ×(장래효 ○)

13. 민법상 임대차에서 대항력의 취득시기(제621조, 제622조)

(1) 제621조에 근거하여 부동산임대차를 등기한 때에는 제3자에 대하여 효력이 생긴다(대항력을 취득한다).

(2) 제622조에 근거하여 토지임대차는 등기하지 않은 경우에도 임차인이 그 지상건물을 등기한 때에는 제3자에 대하여 효력이 생긴다(대항력을 취득한다).

> ✍️ **판례·조문·이론 확인**
> (1) 소급효 ×(임대차관계를 등기한 때부터 대항력을 취득한다)
> (2) 소급효 ×(지상건물을 등기한 때부터 대항력을 취득한다)

14. 주택임대차에서 주민등록의 말소 후 재등록

주민등록이 말소되면 일단 대항력을 상실한다. 다만, 이후에 재등록을 하면 대항력을 취득한다.

① 이의절차 없이 재등록을 한 경우

② 이의절차 경료 후 재등록을 한 경우

> ✎ 판례·조문·이론 확인
>
> **① 이의절차 없이 재등록을 한 경우** : 소급효 ✕
>
> **② 이의절차 경료 후 재등록을 한 경우** : 처음의 대항력이 그대로 유지되는 것이므로 소급효 ○

15. 「부동산 실권리자명의 등기에 관한 법률」에서 명의신탁 이후에 신탁자와 수탁자가 혼인한 경우(특례)

명의신탁은 유효이다.

> ✎ 판례·조문·이론 확인
>
> 혼인한 때부터 명의신탁은 유효이므로 소급효 ✕

PART 03 부당이득 (부당한 이득 vs. 정당한 이득)

1. 인과관계

(1) 불법원인급여에 해당하지 않는 경우(제108조)

(2) 불법원인급여에 해당하는 경우(제103조)

> ✎ 판례·조문·이론 확인
>
> (1) 불법원인급여에 해당하지 않는 경우(제108조) : 부당이득반환을 청구할 수 있다.
> (2) 불법원인급여에 해당하는 경우(제103조) : 불법원인급여자는 보호가치가 없으므로 부당이득반환을 청구할 수 없다.

2. 선의점유자가 과실(果實)을 취득한 경우, 수취한 과실에 대해서 부당이득반환의무가 있는가?(제201조)

> ✎ 판례·조문·이론 확인
>
> 선의점유자는 과실취득권이 있으므로 수취한 과실은 부당이득이 아니다. 따라서 부당이득반환의무는 없다. 또한, 선의점유자에게 과실(過失)이 있는 경우에도 과실취득권이 있으므로 부당이득반환의무는 없다. 다만, 회복자에게 손해가 발생했다면 불법행위책임을 질 수 있다.

3. 등기를 경료하지 않은 매수인이 목적물을 점유하고 있는 경우, 매도인이 물권적 청구권과 부당이득반환청구권을 행사할 수 있는가?

> ✎ 판례·조문·이론 확인
>
> 등기를 경료하지 않은 매수인은 점유할 권한이 있으므로 적법점유에 해당한다. 따라서 매도인은 매수인에게 물권적 청구권(반환청구권)을 행사할 수 없다. 또한, 등기를 경료하지 않은 매수인은 점유·사용할 권한이 있으므로 사용이익은 정당한 이익에 해당한다. 따라서 매도인은 매수인에게 부당이득반환청구권 역시 행사할 수 없다.

4. 점유취득시효완성 후 소유자가 시효완성자에게 부당이득반환청구권을 행사할 수 있는가?

> ✎ 판례·조문·이론 확인
>
> 시효완성은 법률의 규정에 의한 정당한 이득의 취득이다. 따라서 시효완성자에게 부당이득반환청구권을 행사할 수 없다.

5. 점유취득시효완성 후 등기 전에 제3자에게 저당권이 설정된 경우

시효완성자가 피담보채무를 변제한 경우, 시효완성자가 원소유자에게 대위변제를 이유로 구상권이나 부당이득반환청구권을 행사할 수 있는가?

┌─ *∅* 판례·조문·이론 확인 ───
│ 시효완성자는 자신의 이익을 위해서 변제한 것이므로 구상권이나 부당이득반환청구권을 행사할 수 없다.
└──

6. 공유에서 공유자 중 1인이 공유물 전부를 배타적으로 점유하여 부당하게 이득을 취득한 경우, 다른 소수지분권자는 점유자를 상대로 공유물의 반환이나 부당이득반환을 청구할 수 있는가?

(1) 점유하고 있는 공유자의 지분이 과반수인 경우

┌─ *∅* 판례·조문·이론 확인 ───
│ 과반수지분권자의 점유는 적법점유에 해당한다. 따라서 과반수지분권자를 상대로 공유물의 반환을 청구할 수
│ 없지만, 과반수지분권자만 독점해서 이익을 취득하고 있으므로 다른 공유자는 과반수지분권자를 상대로 부당이
│ 득반환을 청구할 수 있다.
└──

(2) 점유하고 있는 공유자의 지분이 과반수 미달인 경우

┌─ *∅* 판례·조문·이론 확인 ───
│ 다른 공유자도 소수지분에 불과하기 때문에 공유물의 반환을 청구할 수 없다. 다만, 소수지분권자의 점유는
│ 무단점유에 해당하므로 다른 소수지분권자는 점유하고 있는 소수지분권자를 상대로 방해제거청구나 부당이득반
│ 환을 청구할 수 있다.
└──

7. 공유에서 제3자가 공유물을 무단으로 점유하여 부당하게 이득을 취득한 경우, 각 공유자는 점유자를 상대로 공유물의 반환이나 부당이득반환을 청구할 수 있는가?

┌─ *∅* 판례·조문·이론 확인 ───
│ 각 공유자는 보존행위에 근거하여 제3자를 상대로 공유물의 전부의 반환을 청구할 수 있고, 지분범위에서 부당이
│ 득반환을 청구할 수 있다.
└──

8. 전세권소멸 후 법률관계(제317조)

전세권자로부터 전세권의 목적물을 인도받은 전세권설정자가 전세권자에 대하여 전세권설정등기의 말소와 동시이행을 주장하면서 전세금의 반환을 거부하는 경우, 전세권설정자에게 전세금에 대한 이자 상당액의 부당이득반환의무가 있는가?

> **⌀ 판례·조문·이론 확인**
> 전세권자로부터 전세권의 목적물을 인도받은 전세권설정자가 전세권자에 대하여 전세권설정등기의 말소와 동시이행을 주장하면서 전세금의 반환을 거부하는 것은 정당하기 때문에 전세금에 대한 이자 상당액의 부당이득반환의무는 없다.

9. 공사대금채권에 의해서 유치권을 행사하는 자가 스스로 유치물인 주택에 거주하며 사용하는 경우, 부당이득반환의무가 있는가?

> **⌀ 판례·조문·이론 확인**
> 채권자가 유치물인 주택에 거주·사용하는 것은 보존을 위한 사용에 해당하기 때문에 유치권소멸을 청구할 수 없다. 다만, 차임에 상당하는 부당이득반환의무는 있다.

10. 낙약자가 수익자에게 대금을 지급한 후 계약이 무효(해제)가 된 경우, 낙약자는 수익자에게 대금반환을 청구(원상회복, 부당이득반환)할 수 있는가?

> **⌀ 판례·조문·이론 확인**
> 계약관계의 청산(원상회복, 부당이득반환)은 요약자와 낙약자, 즉 계약의 당사자 간에 해야 한다. 따라서 수익자는 당사자가 아니므로 수익자를 상대로 원상회복이나 부당이득반환을 청구할 수 없다.

11. 계약이 해제된 경우, 당사자는 원상회복의무가 있으며, 받은 것이 금전이라면 받은 날로부터 이자를 가산해야 하는데 법적 성질이 지연배상인가, 부당이득인가?

> **⌀ 판례·조문·이론 확인**
> 받은 것이 금전인데 이자를 반환하지 않으면 부당이득에 해당한다.

12. 임대차종료 이후 임차인이 동시이행항변권에 의해서 임차건물을 계속 점유하고 있지만 사용·수익하지 않아 실질적 이익이 없는 경우, 임차인은 부당이득반환의무가 있는가?

> **⌀ 판례·조문·이론 확인**
> 임차인이 동시이행항변권에 의해서 임차건물을 계속 점유하고 있다면 적법점유에 해당하고, 실질적 이익이 없는 경우에 부당이득반환의무는 없다.

13. 제643조에 의해 임차인이 지상물매수청구권을 행사하여 임대인과 사이에 지상물 매매계약이 성립하였고, <u>임차인이 매매대금을 받을 때까지 지상물 인도를 거절하면서 부지를 계속 점유하여 사용·수익하고 있는 경우</u>, 차임 상당액에 대해서 부당이득반환의무가 있는가?

📖 판례·조문·이론 확인

부지에 대한 임대차가 종료했으므로 임차인의 부지에 대한 점유는 무단점유에 해당한다. 따라서 임차인이 부지를 계속 점유하여 사용·수익하고 있다면 부당이득에 해당하므로 임차인은 차임 상당액에 대해서 부당이득반환의무가 있다.

14. 무단전대에서 임대차계약이 존속하고 있는 동안에 임대인은 전차인에게 불법점유를 이유로 부당이득반환(손해배상)을 청구할 수 있는가?

📖 판례·조문·이론 확인

임대차계약이 존속하고 있는 동안은 임대인은 임차인으로부터 차임을 받기 때문에 손해가 없다. 따라서 임대인은 전차인을 상대로 불법점유를 이유로 부당이득반환이나 손해배상을 청구할 수 없다.

15. <u>배당요구채권자가 배당요구를 하지 않은 경우</u>, 배당받은 후순위권리자를 상대로 부당이득반환청구권을 행사할 수 있는가?

📖 판례·조문·이론 확인

배당요구채권은 배당을 요구해야 배당을 받는 채권에 해당하므로, 배당요구채권자가 배당을 요구하지 않은 것은 자신의 잘못이다. 따라서 배당받은 후순위권리자를 상대로 부당이득반환청구권을 행사할 수 없다.

16. 계약명의신탁에서 수탁자가 신탁자에게 부당이득으로 반환해야 할 목적물은 무엇인가?

(1) 「부동산 실권리자명의 등기에 관한 법률」 시행 전

(2) 「부동산 실권리자명의 등기에 관한 법률」 시행 후

📖 판례·조문·이론 확인

(1) 「부동산 실권리자명의 등기에 관한 법률」 시행 전 : 부동산

(2) 「부동산 실권리자명의 등기에 관한 법률」 시행 후 : 매수자금

제3자 보호문제

1. 제한능력, 의사무능력, 강행규정 위반, 제103조, 제104조, 등기서류 위조

> ✎ 판례·조문·이론 확인
>
> 절대적 무효이므로 선의의 제3자는 보호받지 못한다. 또한, 등기의 공신력이 없으므로 선의의 제3자는 보호받지 못한다.

2. 제107조~제110조

> ✎ 판례·조문·이론 확인
>
> 선의의 제3자 보호규정이 있기 때문에 선의의 제3자는 보호받는다.

3. 제548조(해제)

(1) 해제 전에 이해관계를 맺은 제3자

(2) 해제 후 말소등기 전에 이해관계를 맺은 제3자

> ✎ 판례·조문·이론 확인
>
> (1) 해제 전에 이해관계를 맺은 제3자 : 제3자는 선의·악의를 불문하고 보호받는다.
> (2) 해제 후 말소등기 전에 이해관계를 맺은 제3자 : 제3자는 선의인 경우에만 보호받는다.

4. 「가등기담보 등에 관한 법률」 제11조

청산절차를 경료하지 않은 채권자(양도담보권자)와 거래한 제3자

> ✎ 판례·조문·이론 확인
>
> 선의의 제3자 보호규정이 있기 때문에 선의의 제3자는 보호받는다.

5. 「부동산 실권리자명의 등기에 관한 법률」 제4조 제3항

명의수탁자와 거래한 제3자

> ✎ 판례·조문·이론 확인
>
> 제3자 보호규정이 있기 때문에 제3자는 선의·악의를 불문하고 보호받는다.

6. 제3자를 위한 계약에서의 수익자

╭─ ✎ 판례·조문·이론 확인 ─────────────────────────────────
│ 수익자는 새로운 이해관계를 맺은 것이 없으므로 민법상 보호받는 제3자에 해당하지 않는다.
╰──

7. 상속인(포괄승계인)

(1) 민법상 보호받는 제3자인가?

(2) 무권대리에서 무권대리인이 본인의 지위를 상속받은 경우에 추인거절권을 행사할 수 있는가?

(3) 취소권자(승계인)

(4) 제187조(법률의 규정에 의한 부동산물권변동)

(5) 점유권에 기한 반환청구권에서 상대방(제204조)

(6) 점유권은 상속인에게 이전되는가?(제193조)

(7) 공유에서 공유지분이 상속되는가?

(8) 합유에서 합유지분이 상속되는가?

╭─ ✎ 판례·조문·이론 확인 ─────────────────────────────────
│ (1) 포괄승계인은 당사자지위를 승계하므로 보호받는 제3자에 해당하지 않는다.
│ (2) 상속인이 추인거절권을 행사하는 것은 신의칙에 반한다.
│ (3) **취소권자(승계인)** : 포괄승계인, 특정승계인
│ (4) **제187조(법률의 규정에 의한 부동산물권변동)** : 상속에 의한 부동산물권의 변동은 등기를 요하지 않는다.
│ (5) **점유권에 기한 반환청구권에서 상대방(제204조)** : 선의의 특별승계인은 상대방 ×, 악의의 특별승계인은
│   상대방 ○, 상속인은 포괄승계인이므로 상대방 ○
│ (6) 점유권도 상속인에게 이전된다.
│ (7) 공유지분도 상속된다.
│ (8) 합유지분은 상속되지 않는다. 따라서 잔존합유자의 합유가 된다.
╰──

추정(입증책임)

1. 제104조(불공정한 법률행위)

(1) 급부와 반대급부가 현저히 불균형을 이루는 경우에 궁박, 경솔, 무경험의 존재가 추정되는가?

(2) 객관적 요건이 존재하는 경우에 주관적 요건의 존재가 추정되는가?

> *✏ 판례·조문·이론 확인*
>
> (1) 추정되지 않는다.
> (2) 추정되지 않는다.

2. 제107조~제110조에서 제3자의 선의는 추정되는가?

> *✏ 판례·조문·이론 확인*
>
> 제3자의 선의는 추정된다.

3. 제109조(착오)에서 입증책임

(1) 중요부분의 착오

(2) 중대한 과실

> *✏ 판례·조문·이론 확인*
>
> (1) **중요부분의 착오** : 표의자(착오자, 효과발생을 다투는 자)가 입증하여야 한다.
> (2) **중대한 과실** : 상대방(효과발생을 원하는 자)이 입증하여야 한다.

4. 조건에서 입증책임

(1) 정지조건부 법률행위에 해당한다는 사실에 대한 입증책임을 누가 부담하는가?

(2) 정지조건이 성취되었다는 점에 대한 입증책임을 누가 부담하는가?

> *✏ 판례·조문·이론 확인*
>
> (1) 효과발생을 원하지 않는 자(효과발생을 다투는 자)가 입증하여야 한다.
> (2) 효과발생을 원하는 자(권리를 취득하는 자)가 입증하여야 한다.

5. 기한은 채무자이익을 위한 것으로 추정한다(제153조).

> ✎ 판례·조문·이론 확인
>
> 채무자이익을 위한 것으로 추정한다.

6. 등기의 추정력

(1) 건물의 보존등기는 그 명의자가 신축한 것이 아니라면 그 등기의 권리추정력은 인정되는가?

> ✎ 판례·조문·이론 확인
>
> 건물은 보존등기명의자가 적법하게 소유권을 보존한 것으로 추정된다. 그러나 건물의 보존등기는 그 명의자가 신축한 것이 아니라면 그 등기의 권리추정력은 깨어진다 할 것이고, 그 명의자 스스로 적법하게 그 소유권을 양도받게 된 사실을 입증할 책임이 있다.

(2) 어느 부동산에 관하여 소유권이전등기가 경료되어 있는 경우, 특별한 사정이 없는 한 그 원인과 절차에 있어서 적법하게 경료된 것으로 추정되는가?

> ✎ 판례·조문·이론 확인
>
> 어느 부동산에 관하여 소유권이전등기가 경료되어 있는 경우, 특별한 사정이 없는 한 그 원인과 절차에 있어서 적법하게 경료된 것으로 추정된다.

(3) 소유권이전등기가 경료되어 있는 경우에는 그 등기명의자는 제3자에 대하여서 뿐만 아니라 그 전 소유자에 대하여도 적법한 등기원인에 의하여 소유권을 취득한 것으로 추정되는가?

> ✎ 판례·조문·이론 확인
>
> 소유권이전등기가 경료되어 있는 경우에는 그 등기명의자는 제3자에 대하여서 뿐만 아니라 그 전 소유자에 대하여도 적법한 등기원인에 의하여 소유권을 취득한 것으로 추정된다.

(4) 소유권이전등기청구권의 보전을 위한 가등기가 있는 경우 소유권이전등기를 청구할 어떠한 법률관계의 존재가 추정되는가?

> ✎ 판례·조문·이론 확인
>
> 소유권이전등기청구권의 보전을 위한 가등기가 있다고 해서 소유권이전등기를 청구할 어떠한 법률관계의 존재가 추정되지 않는다.

(5) 등기가 원인 없이 말소된 경우, 그 회복등기가 마쳐지기 전이라도 말소된 등기의 등기명의인은 적법한 권리자로 추정되는가?

> ✎ 판례·조문·이론 확인
> 등기는 물권변동의 효력발생요건이지 존속요건은 아니기 때문에 등기가 원인 없이 말소된 경우에도 물권의 효력에는 영향이 없고, 그 회복등기가 마쳐지기 전이라도 말소된 등기의 등기명의인은 적법한 권리자로 추정된다.

7. 점유의 추정력

(1) 자주점유   (2) 평온점유

(3) 공연점유   (4) 선의점유

(5) 무과실점유   (6) 점유계속(제198조)

(7) 권리적법(제200조)

> ✎ 판례·조문·이론 확인
> (1) 자주점유 : 추정 ○   (2) 평온점유 : 추정 ○
> (3) 공연점유 : 추정 ○   (4) 선의점유 : 추정 ○
> (5) 무과실점유 : 추정 ×   (6) 점유계속(제198조) : 추정 ○
> (7) 권리적법(제200조) : 추정 ○

8. 계약금은 해약금으로 추정되는가?

> ✎ 판례·조문·이론 확인
> 계약금은 특별한 사정이 없는 한 해약금으로 추정된다.

9. 당사자 일방에 대한 의무이행의 기한이 있는 때에는 상대방의 의무이행에 대하여도 동일한 기한이 있는 것으로 추정되는가?

> ✎ 판례·조문·이론 확인
> 특별한 사정이 없는 한 동시이행관계에 있으므로 동일한 기한이 있는 것으로 추정된다.

PART 06 선의 · 무과실, 악의 · 과실

1. 계약체결상 과실책임(제535조)의 요건 : 원시적, 전부불능

(1) 당사자 일방(매도인)

(2) 상대방(매수인)

> **✎판례·조문·이론 확인**
>
> (1) 당사자 일방(매도인) : 불능에 대하여 악의 또는 과실
>
> (2) 상대방(매수인) : 불능에 대하여 선의 그리고 무과실

2. 진의 아닌 의사표시의 효과(제107조)

(1) 원칙

(2) 예외

> **✎판례·조문·이론 확인**
>
> (1) 원칙 : 유효(상대방이 선의 그리고 무과실)
>
> (2) 예외 : 무효(상대방이 악의 또는 과실)

3. 무권대리인의 상대방에 대한 책임요건(제135조)

(1) 본인

(2) 상대방

(3) 무권대리인

> **✎판례·조문·이론 확인**
>
> (1) 본인 : 추인이 없을 것
>
> (2) 상대방 : 선의 그리고 무과실, 철회 ×
>
> (3) 무권대리인 : 제한능력자가 아닐 것(제한능력자는 책임 ×), 대리권 입증 ×

4. 표현대리(제125조, 제126조, 제129조)에서 상대방의 요건

표현대리제도는 대리인에게 대리권이 없음에도 대리권이 있는 것처럼 보이는 외관이 형성되어 있고 상대방은 그 외관을 믿고 거래를 했으므로 상대방이 보호받는 제도이다.

> ✎ 판례·조문·이론 확인
> 대리인에게 대리권이 없음에 대해서 선의 그리고 무과실을 요한다.

5. 부동산의 등기부 취득시효

부동산 소유자로 등기한 자가 10년간 소유의사로 평온, 공연 + ( )

> ✎ 판례·조문·이론 확인
> 선의 그리고 무과실을 요한다.

6. 물건의 하자에 대한 담보책임

> ✎ 판례·조문·이론 확인
> 매수인은 하자에 대해서 선의 그리고 무과실을 요한다.

7. 사기 또는 강박(제110조 제2항)

상대방 있는 의사표시에서 표의자가 제3자로부터 사기, 강박을 당한 경우, 표의자가 취소하기 위한 요건

> ✎ 판례·조문·이론 확인
> 상대방이 제3자의 사기, 강박사실에 대해서 알았거나(악의) 또는 알 수 있었을 것(과실)

8. 대리권 남용의 효과

(1) 원칙

(2) 예외

> ✎ 판례·조문·이론 확인
> (1) 원칙 : 유효
> (2) 예외 : 무효(상대방이 악의 또는 과실 : 제107조 제1항 단서 유추적용)

9. 무권대리행위에서 상대방의 최고권과 철회권

(1) 최고권

(2) 철회권

┌─── ✎ 판례·조문·이론 확인 ──┐
│ **(1) 최고권** : 선의 · 악의를 불문   │
│ **(2) 철회권** : 선의   │
└───┘

10. 비용상환청구권(제203조)

┌─── ✎ 판례·조문·이론 확인 ──┐
│ 선의 · 악의를 불문하고 점유자는 회복자에게 비용상환청구권을 행사할 수 있다.   │
└───┘

11. 명의신탁에서 명의수탁자와 거래한 제3자

┌─── ✎ 판례·조문·이론 확인 ──┐
│ 제3자는 선의 · 악의를 불문하고 보호받는다.   │
└───┘

PART 07 임차인의 비용상환청구권, 부속물매수청구권, 지상물매수청구권

[비용상환청구권, 부속물매수청구권, 지상물매수청구권 비교]

구분	비용상환청구권	부속물매수청구권	지상물매수청구권
규정(임의·강행)	임의규정	강행규정	강행규정
독립성(유·무)	무	유	유
임대인 동의(유·무)	무	유	무
채무 불이행 시	행사 ○	행사 ×	행사 ×
유치권 성립	○	×	×
행사 주체	임차인	임차인, 전차인	임차인, 전차인
행사 시기	• 필요비 : 즉시 • 유익비 : 종료 시	종료 후	종료 후
일시사용을 위한 임대차	인정 ○	인정 ×	인정 ×
법적 성질	청구권	형성권	형성권

존속기간
(최장기 제한 vs. 최단기 제한)

1. 지상권(제280조, 제281조)

(1) 존속기간의 제한

① 최장존속기간의 제한

② 최단존속기간의 제한

> ✎ **판례·조문·이론 확인**
>
> ① **최장존속기간의 제한** : 없음(영구무한의 지상권설정 가능)
>
> ② **최단존속기간의 제한** : 있음

(2) 존속기간의 약정이 있는 경우

① 견고한 건물, 수목 소유 목적

② 견고하지 않은 건물 소유 목적

③ 기타 공작물 소유 목적

> ✎ **판례·조문·이론 확인**
>
> ① **견고한 건물, 수목 소유 목적** : 30년 이상
>
> ② **견고하지 않은 건물 소유 목적** : 15년 이상
>
> ③ **기타 공작물 소유 목적** : 5년 이상

(3) 존속기간의 약정이 없는 경우

① 지상물의 종류와 구조를 정한 경우

　• 견고한 건물, 수목 소유 목적

　• 견고하지 않은 건물 소유 목적

　• 기타 공작물 소유 목적

② 공작물의 구조와 종류를 정하지 않은 경우

> ✎ **판례·조문·이론 확인**
>
> ① **지상물의 종류와 구조를 정한 경우**
>
> 　• **견고한 건물, 수목 소유 목적** : 30년
>
> 　• **견고하지 않은 건물 소유 목적** : 15년
>
> 　• **기타 공작물 소유 목적** : 5년
>
> ② **공작물의 구조와 종류를 정하지 않은 경우** : 15년

2. 지역권

(1) 최장존속기간의 제한

(2) 최단존속기간의 제한

> ✎ 판례·조문·이론 확인
> (1) **최장존속기간의 제한** : 없음(영구무한의 지역권설정 가능)
> (2) **최단존속기간의 제한** : 없음

3. 전세권(제312조)

(1) 최장존속기간의 제한

(2) 최단존속기간의 제한

(3) 존속기간의 약정이 없는 경우

(4) 법정갱신

> ✎ 판례·조문·이론 확인
> (1) **최장존속기간의 제한** : 있음(10년 : 토지 ○, 건물 ○)
> (2) **최단존속기간의 제한** : 있음(1년 : 토지 ×, 건물 ○)
> (3) **존속기간의 약정이 없는 경우** : 각 당사자, 언제든지, 전세권 소멸통고, 6개월 후 소멸
> (4) **법정갱신** : 각 당사자, 언제든지, 소멸통고, 6개월 후 소멸

4. 민법상 임대차(제635조)

(1) 최장존속기간의 제한

(2) 최단존속기간의 제한

(3) 존속기간의 약정이 없는 경우

(4) 법정갱신

> ✎ 판례·조문·이론 확인
> (1) **최장존속기간의 제한** : 없음(영구무한의 임대차 가능)
> (2) **최단존속기간의 제한** : 없음
> (3) **존속기간의 약정이 없는 경우** : 각 당사자, 언제든지, 임대차 해지통고, 해지효과 – 부동산(임대인이 해지통고한 경우 : 6월, 임차인이 해지통고한 경우 : 1월), 동산(5일)
> (4) **법정갱신** : 각 당사자, 언제든지, 임대차 해지통고, 해지효과 – 부동산(임대인이 해지통고한 경우 : 6월, 임차인이 해지통고한 경우 : 1월), 동산(5일)

5. 주택임대차(주택임대차보호법 제4조)

(1) 최장존속기간의 제한

(2) 최단존속기간의 제한

> ✎ 판례·조문·이론 확인
>
> (1) 최장존속기간의 제한 : 없음
> (2) 최단존속기간의 제한 : 2년

6. 상가건물 임대차(상가건물 임대차보호법 제9조)

(1) 최장존속기간의 제한

(2) 최단존속기간의 제한

> ✎ 판례·조문·이론 확인
>
> (1) 최장존속기간의 제한 : 없음
> (2) 최단존속기간의 제한 : 1년

기간 및 숫자 암기

1. 1월

「주택임대차보호법」에서 가정공동생활을 함께했던 사실상 혼인관계에 있었던 자의 임차권 승계 거부

> ✎ 판례·조문·이론 확인
>
> 임차인이 사망한 후 1개월 이내 반대의사 표시

2. 2월

(1) 「가등기담보 등에 관한 법률」에서 청산기간

(2) 재건축결의가 있으면 집회를 소집한 자는 지체 없이 그 결의에 찬성하지 아니한 구분소유자에 대하여 재건축에 참가할 것인지 여부를 회답할 것을 서면으로 촉구해야 한다. 이 경우 촉구를 받은 구분소유자는 촉구를 받은 날로부터 (　　)개월 이내에 회답해야 한다. 그 기간 내에 회답하지 아니한 경우 그 구분소유자는 재건축에 참가하지 아니하겠다는 뜻을 회답한 것으로 본다.

(3) 공시송달(표의자가 과실 없이 상대방을 알지 못하거나 상대방의 소재를 알지 못하는 경우)

　① 국내송달

　② 국외송달

> ✎ 판례·조문·이론 확인
>
> (1) 「가등기담보 등에 관한 법률」에서 청산기간 : 청산금평가액을 채무자 등에게 통지, 통지가 채무자 등에게 도달한 날부터 2개월 경과
>
> (2) 재건축결의가 있으면 집회를 소집한 자는 지체 없이 그 결의에 찬성하지 아니한 구분소유자에 대하여 재건축에 참가할 것인지 여부를 회답할 것을 서면으로 촉구해야 한다. 이 경우 촉구를 받은 구분소유자는 촉구를 받은 날로부터 2개월 이내에 회답해야 한다. 그 기간 내에 회답하지 아니한 경우 그 구분소유자는 재건축에 참가하지 아니하겠다는 뜻을 회답한 것으로 본다.
>
> (3) 공시송달(표의자가 과실 없이 상대방을 알지 못하거나 상대방의 소재를 알지 못하는 경우)
>
> 　① 국내송달 : 2주
>
> 　② 국외송달 : 2월

3. 3월

(1) 「주택임대차보호법」에서 법정갱신된 경우, 존속기간은 2년으로 본다. 임차인은 2년을 주장하거나 언제든지 계약해지를 통지할 수 있다.

(2) 「상가건물 임대차보호법」에서 법정갱신된 경우, 존속기간은 1년으로 본다. 임차인은 1년을 주장하거나 언제든지 계약해지를 통고할 수 있다.

> ✎ 판례·조문·이론 확인
> (1) 임대인이 통지를 받은 날부터 3개월 경과(해지효력 ○)
> (2) 임대인이 통고를 받은 날부터 3개월 경과(해지효력 ○)

4. 6월

(1) 유실물 습득

(2) 민법상 임차인의 비용상환청구권 행사기간

(3) 담보책임(물건의 하자)

(4) 「상가건물 임대차보호법」에서 임대인은 임대차기간이 끝나기 전 (   )개월 전부터 임대차 종료 시까지 임차인이 권리금을 지급받는 것을 방해하여서는 아니 된다.

> ✎ 판례·조문·이론 확인
> (1) 유실물 습득 : 공고한 후 6개월 내에 소유자가 권리를 주장하지 않으면 소유권취득
> (2) 민법상 임차인의 비용상환청구권 행사기간 : 임대인이 목적물을 반환받은 날부터 6개월 내 행사
> (3) 담보책임(물건의 하자) : 안 날로부터 6개월 내 행사
> (4) 「상가건물 임대차보호법」에서 임대인은 임대차기간이 끝나기 전 6개월 전부터 임대차 종료 시까지 임차인이 권리금을 지급받는 것을 방해하여서는 아니 된다.

5. 1년

(1) 지연배상
   ① 저당권
   ② 근저당권
   ③ 제3취득자의 변제권

(2) 점유물 반환청구권(제204조)

(3) 매장물 발견

(4) 「상가건물 임대차보호법」

　① 법정갱신

　② 최단기간의 보장

(5) 담보책임(권리의 하자)

　① 선의

　② 악의

> ✐ 판례·조문·이론 확인
>
> (1) **지연배상**
> 　① **저당권** : 1년분 제한
> 　② **근저당권** : 최고액 범위 내에서 무제한
> 　③ **제3취득자의 변제권** : 1년분 제한
> (2) **점유물 반환청구권(제204조)** : 침탈당한 날로부터 1년 내 행사
> (3) **매장물 발견** : 공고한 후 1년 내 소유자가 권리를 주장하지 않으면 소유권취득
> (4) **「상가건물 임대차보호법」**
> 　① **법정갱신** : 1년으로 본다.
> 　② **최단기간의 보장** : 1년
> (5) **담보책임(권리의 하자)**
> 　① **선의** : 안 날로부터 1년 내 행사
> 　② **악의** : 계약한 날로부터 1년 내 행사

6. 2년

(1) 지상권에서 지료연체에 대한 지상권소멸청구

(2) 「주택임대차보호법」

　① 법정갱신

　② 최단존속기간 보장

　③ 계약갱신요구권

> ✐ 판례·조문·이론 확인
>
> (1) **지상권에서 지료연체에 대한 지상권소멸청구** : 2년 이상 연체하면 지상권소멸청구
> (2) **「주택임대차보호법」**
> 　① **법정갱신** : 2년으로 본다.
> 　② **최단존속기간 보장** : 2년
> 　③ **계약갱신요구권** : 1회, 2년으로 본다.

7. 3년

(1) 취소권의 단기소멸(제146조)

취소권은 추인할 수 있는 날로부터 (　)년 내에, 법률행위를 한 날로부터 (　)년 내에 행사하여야한다.

(2) 「상가건물 임대차보호법」에서 임차인의 권리금 회수를 임대인이 방해한 경우, 임대인은 손해배상책임이 있다. 이 경우 손해배상액은 신규임차인이 임차인에게 지급하기로 한 권리금과 임대차종료 당시의 권리금 중 낮은 금액을 넘지 못한다. 손해배상청구권은 임대차가 종료한 날로부터 (　)년 이내에 행사하지 않으면 소멸한다.

> ✎ 판례·조문·이론 확인
>
> (1) **취소권의 단기소멸(제146조)** : 취소권은 추인할 수 있는 날로부터 3년 내에, 법률행위를 한 날로부터 10년 내에 행사하여야 한다.
> (2) 「상가건물 임대차보호법」에서 임차인의 권리금 회수를 임대인이 방해한 경우, 임대인은 손해배상책임이 있다. 이 경우 손해배상액은 신규임차인이 임차인에게 지급하기로 한 권리금과 임대차종료 당시의 권리금 중 낮은 금액을 넘지 못한다. 손해배상청구권은 임대차가 종료한 날로부터 3년 이내에 행사하지 않으면 소멸한다.

8. 5년

(1) 공유물 분할 금지약정

(2) 환매기간(연장 ×)

① 부동산
② 동산

> ✎ 판례·조문·이론 확인
>
> (1) **공유물 분할 금지약정** : 공유물 분할의 자유가 있지만 특약을 통해서 5년 내의 기간으로 분할을 금지할 수 있으며, 갱신할 수 있다(5년 범위 내).
> (2) **환매기간(연장 ×)**
> 　① **부동산** : 5년
> 　② **동산** : 3년

9. 10년

(1) 「상가건물 임대차보호법」에서 계약갱신요구권(동법 제10조)

최초의 임대차기간을 포함한 전체 임대차기간이 (   )년을 초과하지 아니하는 범위에서만 행사할 수 있다.

(2) 「가등기담보 등에 관한 법률」

> ✎ 판례·조문·이론 확인
>
> (1) 「상가건물 임대차보호법」에서 계약갱신요구권(동법 제10조) : 최초의 임대차기간을 포함한 전체 임대차기간이 10년을 초과하지 아니하는 범위에서만 행사할 수 있다.
>
> (2) 「가등기담보 등에 관한 법률」 : 채무자는 채권자로부터 청산금을 지급받기 전까지는 채무를 변제하고 말소등기를 청구할 수 있다. 다만, 채무의 변제기가 지난 때부터 10년이 지난 경우에는 말소를 청구할 수 없다.

10. 1회

「주택임대차보호법」에서 임차인의 계약갱신요구권

> ✎ 판례·조문·이론 확인
>
> 주택임차인은 1회에 한하여 계약갱신요구권을 행사할 수 있다.

11. 2기

(1) 민법상 임대차에서 차임연체에 대한 해지

(2) 「주택임대차보호법」에서 법정갱신 제외사유

(3) 「주택임대차보호법」에서 계약갱신요구권에 대한 거절사유로 정당한 사유

> ✎ 판례·조문·이론 확인
>
> (1) 민법상 임대차에서 차임연체에 대한 해지 : 임차인이 2기의 차임을 연체한 경우 임대인은 해지할 수 있다.
>
> (2) 「주택임대차보호법」에서 법정갱신 제외사유 : 임차인이 2기의 차임을 연체한 경우 법정갱신이 인정되지 않는다.
>
> (3) 「주택임대차보호법」에서 계약갱신요구권에 대한 거절사유로 정당한 사유 : 임차인이 2기의 차임을 연체한 경우 임대인은 거절할 수 있다.

12. 3기

(1) 「상가건물 임대차보호법」에서 임차인의 차임연체 시 임대인의 해지

(2) 「상가건물 임대차보호법」에서 계약갱신요구권에 대한 거절사유로 정당한 사유

> ✎ 판례·조문·이론 확인
>
> (1) 「상가건물 임대차보호법」에서 임차인의 차임연체 시 임대인의 해지 : 임차인이 3기의 차임을 연체한 경우 임대인은 해지할 수 있다.
>
> (2) 「상가건물 임대차보호법」에서 계약갱신요구권에 대한 거절사유로 정당한 사유 : 임차인이 3기의 차임을 연체한 경우 임대인은 거절할 수 있다.

13. 보증금, 차임증액의 제한

(1) 「주택임대차보호법」

(2) 「상가건물 임대차보호법」

> ✎ 판례·조문·이론 확인
>
> (1) 「주택임대차보호법」: 1년, 5%
>
> (2) 「상가건물 임대차보호법」: 1년, 5%

14. 보증금의 차임 전환에 대한 제한

(1) 「주택임대차보호법」

(2) 「상가건물 임대차보호법」

> ✎ 판례·조문·이론 확인
>
> (1) 「주택임대차보호법」: 보증금 × 일정비율
>
> 일정비율은 다음 중 낮은 비율 : 1할 / 기준금리 + 2%
>
> (2) 「상가건물 임대차보호법」: 보증금 × 일정비율
>
> 일정비율은 다음 중 낮은 비율 : 1할 2푼 / 기준금리 × 4.5배

강행규정, 임의규정

[강행규정, 임의규정 정리]

(1) 착오(제109조)

(2) 대리인이 수인인 경우, 각자대리(제119조)

(3) 물권법정주의(제185조)

(4) 상린관계규정

(5) 지상권의 양도, 토지임대(제282조)

(6) 지상권자의 2년분의 지료연체 시 소멸청구(제287조)

(7) 관습법상의 법정지상권

(8) 법정지상권

(9) 전세권의 양도, 담보제공, 목적물의 전전세, 임대규정(제306조)

(10) 유치권 배제특약

(11) 저당권의 효력은 부합물, 종물에 미친다(제358조).

(12) 동시이행의 항변권(제536조)

(13) 위험부담(제537조, 제538조)

(14) 해제권행사의 불가분성(제547조)

(15) 해약금규정(제565조)

(16) 매매에서 담보책임규정

(17) 매매에서 계약에 관한 비용(제566조)

(18) 임대차

　① 비용상환청구권(제626조)

　② 임차권 양도, 전대 시 임대인의 동의를 요하는 규정(제629조)

　③ 부속물매수청구권(제646조)

　④ 지상물매수청구권(제643조)

　⑤ 차임증감청구권(제628조)

　⑥ 법정갱신규정(제639조)

　⑦ 기간약정이 없는 경우의 해지통고(제635조)

　⑧ 차임연체 시 해지(제640조)

(1) 착오(제109조) : 임의규정

(2) 대리인이 수인인 경우, 각자대리(제119조) : 임의규정

(3) 물권법정주의(제185조) : 강행규정

(4) 상린관계규정 : 임의규정

(5) 지상권의 양도, 토지임대(제282조) : 강행규정

(6) 지상권자의 2년분의 지료연체 시 소멸청구(제287조) : 강행규정

(7) 관습법상의 법정지상권 : 특약으로 배제할 수 있다.

(8) 법정지상권 : 강행규정

(9) 전세권의 양도, 담보제공, 목적물의 전전세, 임대규정(제306조) : 임의규정

(10) 유치권 배제특약 : 임의규정

(11) 저당권의 효력은 부합물, 종물에 미친다(제358조). : 임의규정

(12) 동시이행의 항변권(제536조) : 임의규정

(13) 위험부담(제537조, 제538조) : 임의규정

(14) 해제권행사의 불가분성(제547조) : 임의규정

(15) 해약금규정(제565조) : 임의규정

(16) 매매에서 담보책임규정 : 임의규정

(17) 매매에서 계약에 관한 비용(제566조) : 임의규정

(18) 임대차

    ① 비용상환청구권(제626조) : 임의규정

    ② 임차권 양도, 전대 시 임대인의 동의를 요하는 규정(제629조) : 임의규정

    ③ 부속물매수청구권(제646조) : 강행규정

    ④ 지상물매수청구권(제643조) : 강행규정

    ⑤ 차임증감청구권(제628조) : 강행규정

    ⑥ 법정갱신규정(제639조) : 강행규정

    ⑦ 기간약정이 없는 경우의 해지통고(제635조) : 강행규정

    ⑧ 차임연체 시 해지(제640조) : 강행규정

선택 또는 함께

1. 착오와 사기

착오요건과 사기요건이 모두 충족된 경우

┌─ *✐ 판례·조문·이론 확인* ─────────────────────────────
│ 착오요건과 사기요건이 모두 충족된 경우, 착오나 사기 중 하나를 선택할 수 있다.
└──

2. 착오와 담보책임

착오요건과 담보책임요건이 모두 충족된 경우

┌─ *✐ 판례·조문·이론 확인* ─────────────────────────────
│ 착오요건과 담보책임요건이 모두 충족된 경우, 착오나 담보책임 중 하나를 선택할 수 있다. 즉, 담보책임요건이
│ 충족된 경우에도 착오를 선택해서 취소할 수 있다.
└──

3. 착오와 불법행위로 인한 손해배상청구권

착오를 이유로 취소한 경우, 상대방이 착오자를 상대로 불법행위를 원인으로 손해배상을 청구할 수 있는가?

┌─ *✐ 판례·조문·이론 확인* ─────────────────────────────
│ 착오를 이유로 취소하는 것은 적법행위에 해당한다. 따라서 상대방이 착오자를 상대로 불법행위를 원인으로
│ 손해배상을 청구할 수 없다.
└──

4. 제3자의 사기에 의해서 신원보증서면에 서명, 날인한다는 착각에 빠져서 연대보증서면에 서명·날인한 경우(기명·날인의 착오, 표시상의 착오)

┌─ *✐ 판례·조문·이론 확인* ─────────────────────────────
│ 사기규정(제110조)을 적용할 수 없고, 착오규정(제109조)만 적용된다.
└──

5. 제110조 취소와 불법행위로 인한 손해배상청구권

사기를 당한 자는 법률행위를 취소할 수 있으며 함께 손해배상을 청구할 수 있는가?

> ✎ 판례·조문·이론 확인
>
> 사기는 불법행위에 해당하므로 사기를 당한 자는 법률행위를 취소할 수 있으며, 함께 손해배상을 청구할 수 있다.

6. 제3자의 기망행위로 계약을 체결한 경우, 그 계약을 취소하지 않고 제3자에 대하여 불법행위로 인한 손해배상청구권을 행사할 수 있는가?

> ✎ 판례·조문·이론 확인
>
> 제3자의 사기로 계약을 체결한 경우, 피해자는 그 계약을 취소하지 않고 그 제3자에게 불법행위로 인한 손해배상청구권을 행사할 수 있다.

7. 제110조 취소로 인한 부당이득반환청구권과 불법행위로 인한 손해배상청구권을 중첩적으로 행사할 수 있는가?

> ✎ 판례·조문·이론 확인
>
> 취소의 효과로 생기는 부당이득반환청구권과 불법행위로 인한 손해배상청구권은 경합하여 병존하는 것이므로, 채권자는 어느 것이라도 선택하여 행사할 수 있지만 중첩적으로 행사할 수는 없다.

8. 사기와 담보책임 : 선택할 수 있는가?

> ✎ 판례·조문·이론 확인
>
> **선택 ○** : 매수인이 매도인의 기망에 의하여 타인의 물건을 매도인의 것으로 알고 매수한다는 의사표시를 한 것은 만일 타인의 물건인줄 알았더라면 매수하지 아니하였을 사정이 있는 경우에는 매수인은 제110조에 의하여 매수의 의사표시를 취소할 수 있다.

9. 무권대리인의 상대방에 대한 책임(제135조)

> ✎ 판례·조문·이론 확인
>
> 상대방은 무권대리인에게 계약의 이행 또는 손해배상을 청구할 수 있다. 즉, 둘 중 하나를 선택하는데 무권대리인이 선택하는 것이 아니라 상대방이 선택한다.

10. 점유자와 회복자 : 유익비상환청구권

가액증가가 현존한 경우, 지출한 금액 또는 증가액 중 하나를 누가 선택하는가?

> ✐ 판례·조문·이론 확인
>
> 회복자가 선택 ○ / 점유자 선택 ×

11. 점유권에 기한 물권적 청구권과 불법행위로 인한 손해배상청구권을 함께 행사할 수 있는가?

(1) 점유물 반환청구권(제204조)
(2) 점유물 방해제거청구권(제205조)
(3) 점유물 방해예방청구권(제206조)

> ✐ 판례·조문·이론 확인
>
> (1) 점유물 반환청구권(제204조) : 반환 및 손해배상청구
> (2) 점유물 방해제거청구권(제205조) : 방해제거 및 손해배상청구
> (3) 점유물 방해예방청구권(제206조) : 방해예방 또는 손해배상의 담보

12. 담보물 보충청구권

저당권설정자의 책임 있는 사유로 저당물의 가액이 현저히 감소된 때에는 저당권자는 저당권설정자에 대하여 원상회복 또는 상당한 담보제공을 청구할 수 있다.

> ✐ 판례·조문·이론 확인
>
> 원상회복 또는 상당한 담보제공 중 하나를 선택할 수 있다.

13. 해제, 해지와 손해배상청구권(제551조)

계약의 해지 또는 해제는 손해배상의 청구에 영향을 미치지 않는다.

> ✐ 판례·조문·이론 확인
>
> 계약을 해지 또는 해제하고 함께 손해배상을 청구할 수 있다.

1. 무권대리인의 상대방에 대한 책임(제135조, 선택권자)

① 상대방 / ② 무권대리인

✎ 판례·조문·이론 확인

① 상대방이 선택한다.

2. 점유자의 유익비상환청구권(제203조, 선택권자)

(1) 가액증가가 현존한 경우에 한하여 지출한 금액 또는 증가액 중 하나를 누가 선택하는가?

① 점유자 / ② 회복자

(2) 지출한 금액 및 증가액을 누가 산정해야 하는가?

① 점유자 / ② 회복자

✎ 판례·조문·이론 확인

(1) ② 회복자가 선택한다.

(2) ① 점유자가 산정한다.

3. 법정지상권을 취득하는 자는 누구인가?(제305조)

① 전세권자 / ② 전세권설정자

✎ 판례·조문·이론 확인

② 건물소유자인 전세권설정자가 취득한다.

4. 전세권에서 목적물의 현상유지의무 및 통상관리에 속하는 수선의무를 누가 부담하는가? (제309조)

① 전세권자 / ② 전세권설정자

✎ 판례·조문·이론 확인

① 전세권자는 스스로 목적물의 현상을 유지하고 통상의 관리에 속한 수선을 해야 한다.

5. 대리행위의 하자 유·무는 누구를 기준으로 판단하는가?(제116조)

① 본인 / ② 대리인

> ✎ 판례·조문·이론 확인
> ② 대리행위는 대리인이 하기 때문에 대리인을 기준으로 판단한다.

6. 수권행위의 하자 유·무는 누구를 기준으로 판단하는가?

① 본인 / ② 대리인

> ✎ 판례·조문·이론 확인
> ① 수권행위는 본인이 하는 것이므로 본인을 기준으로 판단한다.

7. 무권대리에서 선의의 상대방은 철회권을 행사할 수 있는데, 철회의 상대방은 누구인가?

① 본인 / ② 본인 그리고 무권대리인

> ✎ 판례·조문·이론 확인
> ② 본인 그리고 무권대리인 모두에게 철회할 수 있다.

8. 무권대리에서 상대방은 최고권을 행사할 수 있는데, 최고의 상대방은 누구인가?

① 본인 / ② 본인 그리고 무권대리인

> ✎ 판례·조문·이론 확인
> ① 추인권과 추인거절권을 가진 본인에게 최고할 수 있다.

9. 무권대리에서 본인은 추인권, 추인거절권을 행사할 수 있는데, 상대방은 누구인가?

① 무권대리인 / ② 무권대리인 및 상대방 그리고 승계인

> ✎ 판례·조문·이론 확인
> ② 상대방에 대한 제한은 없으므로 무권대리인 및 상대방 그리고 승계인 모두 상대방이 될 수 있다.

10. 점유자가 본권에 관한 소에서 패소판결을 받은 경우, 선의점유자가 악의점유자로 전환되는 시점은 언제인가?

① 소제기 시 / ② 패소판결 확정 시

╭─✎판례·조문·이론 확인─────────────────────────────────
│ ① 소가 제기된 때로부터 악의의 점유자로 본다. 따라서 점유자에게 소제기 시부터 과실취득권이 인정되지 않는다.
╰──

11. 자주점유자가 타주점유자로 전환되는 시점은 언제인가?

① 소제기 시 / ② 패소판결 확정 시

╭─✎판례·조문·이론 확인─────────────────────────────────
│ ② 패소판결 확정 시부터 타주점유로 전환된다.
╰──

12. 계약 해제 시 원상회복의무가 발생하는데, 받은 것이 금전이면 이자를 가산해야 한다. 언제부터 가산하는가?

① 받은 날 / ② 다음 날

╭─✎판례·조문·이론 확인─────────────────────────────────
│ ① 받은 날부터 이자를 가산해야 한다.
╰──

13. 민법상 임대차에서 묵시갱신이 된 경우, 해지통고를 할 수 있는 자는 누구인가?

① 임차인 / ② 임차인 및 임대인

╭─✎판례·조문·이론 확인─────────────────────────────────
│ ② 임차인 및 임대인 모두 해지할 수 있다.
╰──

14. 주택임대차 및 상가건물 임대차에서 묵시갱신이 된 경우, 해지통지를 할 수 있는 자는 누구인가?

① 임차인 / ② 임차인 및 임대인

╭─✎판례·조문·이론 확인─────────────────────────────────
│ ① 임차인만 해지할 수 있다.
╰──

15. 주택임대차에서 2년 미만의 약정기간이 있는 경우, 그 기간을 주장할 수 있는 자는 누구인가?

① 임차인 / ② 임차인 및 임대인

✎ 판례·조문·이론 확인
① 임차인만 주장할 수 있다.

16. 상가건물 임대차에서 1년 미만의 약정기간이 있는 경우, 그 기간을 주장할 수 있는 자는 누구인가?

① 임차인 / ② 임차인 및 임대인

✎ 판례·조문·이론 확인
① 임차인만 주장할 수 있다.

17. 「주택임대차보호법」에서 임차인이 대항력을 취득하는 날은 언제인가?

① 주택인도 그리고 주민등록한 날 / ② 주택인도 그리고 주민등록한 다음 날

✎ 판례·조문·이론 확인
② 주택인도 그리고 주민등록한 다음 날 0시부터 대항력을 취득한다.

18. 「주택임대차보호법」에서 임차인이 우선변제권을 취득하는 날은 언제인가?

(1) 주택인도(6월 15일) + 주민등록(6월 15일) + 확정일자(6월 17일)

(2) 주택인도(6월 15일) + 주민등록(6월 15일) + 확정일자(6월 15일)

✎ 판례·조문·이론 확인
(1) 주택인도(6월 15일) + 주민등록(6월 15일) + 확정일자(6월 17일) : 6월 17일에 우선변제권을 취득한다.
(2) 주택인도(6월 15일) + 주민등록(6월 15일) + 확정일자(6월 15일) : 6월 16일에 우선변제권을 취득한다.

19. 소유자가 임차인이 되는 경우에 임차인으로서 대항력을 취득하는 시기는 언제인가?

① 매수인 앞으로 소유권이전등기한 날 / ② 매수인 앞으로 소유권이전등기한 다음 날

╭─✎ **판례·조문·이론 확인**──────────────────────────
│ ② 매수인 앞으로 소유권이전등기한 다음 날부터 대항력을 취득한다.
╰──

20. 전차인이 임차인으로 전환되는 경우에 대항력을 취득하는 시기는 언제인가?

① 소유권이전등기 즉시 / ② 소유권이전등기한 다음 날

╭─✎ **판례·조문·이론 확인**──────────────────────────
│ ① 소유권이전등기 즉시 대항력을 취득한다.
╰──

마무리

OX지문

합격서 p.12

필살카 001 권리의 변동

다음은 권리의 변동에 관한 설명이다. 각 보기의 괄호 안에 OX를 표시하시오.

해설

① 건물을 신축한 경우, 이는 원시취득에 해당한다. ( )

건물을 신축한 경우, 권리를 새롭게 취득하기 때문에 원시취득에 해당한다.

② 저당권의 설정은 이전적 승계에 해당한다. ( )

저당권의 설정은 이전적 승계가 아니라 <u>설정적 승계</u>에 해당한다.

③ 1순위 저당권이 소멸되어 2순위 저당권이 순위승진을 한 경우, 이는 작용의 변경이다. ( )

1순위 저당권이 소멸되어 2순위 저당권이 순위승진을 한 경우, 이는 효력이 변경되는 작용의 변경(효력의 변경)에 해당한다.

④ 甲이 소유하는 가옥을 乙에게 매각하여 그 소유권을 상실한 경우, 이는 권리의 상대적 소멸이다. ( )

甲이 소유하는 가옥을 乙에게 매각하여 그 소유권을 상실한 경우, 소유권은 소멸하지 않았지만 甲의 입장에서는 소멸이므로 권리의 상대적 · 주관적 소멸에 해당한다.

⑤ 상속에 의하여 피상속인이 가지고 있던 권리가 상속인에게 승계된 경우, 이는 권리의 이전적 승계 중에서 특정승계이다. ( )

상속에 의하여 피상속인이 가지고 있던 권리가 상속인에게 승계된 경우, 피상속인의 권리가 상속인에게 이전하기 때문에 권리의 이전적 승계에 해당하고, 모두 이전하기 때문에 특정승계가 아니라 <u>포괄승계</u>에 해당한다.

⑥ 취득시효에 의한 소유권의 취득은 원시취득에 해당한다. ( )

취득시효에 의한 소유권의 취득은 원시취득에 해당한다.

⑦ 무주물의 선점은 승계취득에 해당한다. ( )

무주물의 선점, 유실물습득, 매장물발견에 의한 소유권의 취득은 승계취득이 아니라 <u>원시취득</u>에 해당한다.

정답

① O   ② X   ③ O   ④ O   ⑤ X   ⑥ O
⑦ X

필살기 002 법률행위의 목적

다음은 법률행위의 목적에 관한 설명이다. 각 보기의 괄호 안에 OX를 표시하시오. (다툼이 있으면 판례에 따름)

① 법률행위의 목적은 법률행위 성립 시에 확정되어 있지 않으면 무효이다. ( )

② 원시적 불능인 법률행위는 유효이나, 계약체결상의 과실책임이 문제될 수 있다. ( )

③ 강행법규 중 단속규정에 위반한 법률행위는 무효이다. ( )

④ 후발적 불능이 된 법률행위는 유효이며, 불능에 대해서 채무자의 귀책사유가 없다면 위험부담의 문제가 발생한다. ( )

⑤ 투자수익보장약정이 강행법규에 위반되어 무효인 경우, 표현대리의 법리가 적용될 여지가 없다. ( )

⑥ 법정한도액을 초과하는 중개보수약정은 그 한도액을 초과하는 부분만 무효이다. ( )

⑦ 탈세를 목적으로 이미 중간생략등기가 경료된 경우, 그 등기는 무효이다. ( )

⑧ 중개사무소 개설등록에 관한 구 부동산중개업법 관련 규정들은 강행법규에 해당한다. ( )

해설

법률행위의 목적은 <u>이행기까지 확정될 수 있으면 충분</u>하기 때문에 법률행위 성립 시에 확정되지 않아도 <u>무효는 아니다.</u>

원시적 불능인 법률행위는 <u>법률행위 당시부터 목적이 불가능</u>하기 때문에 <u>무효</u>이나, 일정한 요건하에서 계약체결상의 과실책임이 문제될 수 있다.

강행법규 중 효력규정에 위반하면 무효이지만, 단속규정에 위반한 법률행위는 <u>유효</u>이다.

후발적 불능이 된 법률행위는 법률행위 당시에는 목적이 실현가능했기 때문에 유효이며, 불능에 대해서 채무자의 귀책사유가 있다면 채무불이행(이행불능)의 문제가, 채무자의 귀책사유가 없다면 위험부담의 문제가 발생한다.

표현대리는 대리인에게 대리권은 없지만 대리행위에 무효사유는 없어야 한다. 따라서 투자수익보장약정이 강행법규에 위반되어 무효인 경우, 표현대리의 법리가 적용될 여지가 없다.

중개보수 상한규정은 효력규정으로 위반 시 무효이다. 따라서 법정한도액을 초과하는 중개보수약정은 무효이고, 그 한도액을 초과하는 부분만 무효이다.

중간생략등기 금지규정은 단속규정에 불과하다. 따라서 탈세를 목적으로 이미 중간생략등기가 경료된 경우, 그 등기는 <u>유효</u>이다.

중개사무소 개설등록에 관한 구 부동산중개업법 관련 규정들은 강행법규 중 효력규정에 해당한다.

정답
① X   ② X   ③ X   ④ O   ⑤ O   ⑥ O
⑦ X   ⑧ O

⑨ 공인중개사 자격이 없는 자가 우연한 기회에 단 1회 타인 간의 거래행위를 중개한 경우 등과 같이 '중개를 업으로 한 것'이 아니라도 그에 따른 중개보수 지급약정은 강행법규에 위배되어 무효이다. (　　)

공인중개사 자격이 없는 자가 중개를 <u>업으로 한 경우</u> 그 중개행위는 <u>무효</u>이다. 따라서 우연한 기회에 단 1회 타인 간의 거래행위를 중개한 경우 등과 같이 '중개를 업으로 한 것'이 아닌 경우에는 그에 따른 중개보수 지급약정은 <u>유효</u>이다.

⑩ 계약체결상의 과실책임은 원시적, 일부불능에서 발생한다. (　　)

계약체결상의 과실책임은 원시적, <u>전부불능</u>에서 발생한다.

⑪ 후발적 불능인 법률행위는 유효이고 불능에 대해서 채무자에게 귀책사유가 있는 경우, 해제권과 전보배상이 문제된다. (　　)

후발적 불능인 법률행위는 유효이고 불능에 대해서 채무자에게 귀책사유가 있는 경우에는 채무불이행(이행불능)으로 해제권과 전보배상(손해배상청구권)이 문제된다.

⑫ 사기, 강박에 의한 법률행위는 법률행위가 아니다. (　　)

사기, 강박에 의한 법률행위는 취소할 수 있지만, 일단 법률행위는 성립했기 때문에 <u>법률행위에 해당</u>한다.

⑬ 타인소유의 부동산도 매매의 목적물이 될 수 있다. (　　)

매매계약은 단지 의무부담행위에 불과하기 때문에 행위자(매도인)에게 처분권한은 요하지 않는다. 따라서 타인소유의 부동산도 매매의 목적물이 될 수 있다.

⑭ 계약이 체결된 후 매매목적 건물이 전소된 경우, 그 매매계약은 무효이다. (　　)

계약이 체결된 후 매매목적 건물이 전소된 경우에도 계약체결 당시에는 <u>당사자가 의도하는 목적</u>은 실현가능했기 때문에 그 매매계약은 <u>유효</u>이다.

정답
⑨ X　　⑩ X　　⑪ O　　⑫ X　　⑬ O　　⑭ X

필살키 003 　반사회질서의 법률행위

다음은 반사회질서의 법률행위에 관한 설명이다. 각 보기의 괄호 안에 OX를 표시하시오. (다툼이 있으면 판례에 따름)

① 반사회적 법률행위임을 이유로 하는 무효는 선의의 제3자에게 대항할 수 있다. （　）

② 부첩관계의 종료를 해제조건으로 하는 증여계약은 그 조건뿐만 아니라 그 계약 자체도 무효이다. （　）

③ 주택 매매계약에서 양도소득세를 면탈할 목적으로 소유권이전등기를 일정기간 후에 이전받기로 한 특약은 반사회질서의 법률행위로 무효이다. （　）

④ 양도소득세를 회피할 목적으로 실제 거래대금보다 낮은 금액으로 계약서를 작성하여 매매계약을 체결한 행위는 반사회질서의 법률행위로서 무효이다. （　）

⑤ 첩(妾) 계약의 대가로 아파트 소유권을 이전하여 주었다면, 급여자는 상대방에게 부당이득을 이유로 그 반환을 청구할 수 없지만 불법행위로 인한 손해배상을 청구할 수는 있다. （　）

⑥ 부첩관계를 맺은 대가로 부동산을 증여받은 첩으로부터 그 부동산을 전득한 자는 그 사실을 알았던 경우에도 소유권을 취득한다. （　）

해설

반사회적 법률행위는 절대적 무효이다. 따라서 무효를 가지고 선의의 제3자에게 대항할 수 있다.

부첩관계의 종료를 해제조건으로 하는 증여계약은 첩 관계를 유지하는 기능을 하기 때문에 반사회질서의 법률행위(인륜에 반하는 법률행위)에 해당하여 법률행위 전부가 무효이다.

주택 매매계약에서 양도소득세를 면탈할 목적으로 소유권이전등기를 일정기간 후에 이전받기로 한 특약은 반사회질서의 법률행위에 해당하지 않는다.

양도소득세를 회피할 목적으로 실제 거래대금보다 낮은 금액으로 계약서를 작성하여 매매계약을 체결한 행위는 반사회질서의 법률행위에 해당하지 않는다.

첩(妾) 계약의 대가로 아파트 소유권을 이전하여 주었다면 급여자는 반사회질서의 법률행위를 한 사람으로 불법원인급여자(보호가치가 없음)에 해당한다. 따라서 상대방에게 부당이득을 이유로 그 반환을 청구할 수 없고 불법행위로 인한 손해배상을 청구할 수도 없다.

부첩관계를 맺은 대가로 부동산을 증여받은 첩은 소유권을 취득한다. 따라서 소유권자로부터 그 부동산을 전득한 자는 그 사실을 알았던 경우에도 소유권을 취득한다.

정답

① O　　② O　　③ X　　④ X　　⑤ X　　⑥ O

⑦ 반사회적 법률행위는 당사자가 무효인 줄 알고 추인하면 새로운 법률행위로서 유효하게 된다. ( )

반사회적 법률행위는 <u>절대적 무효</u>이기 때문에 당사자가 추인하더라도 추인의 효과는 없다. 따라서 여전히 <u>무효</u>이다.

⑧ 명의수탁자가 신탁재산을 처분하는 경우, 그 매수인이 수탁자의 배임행위에 적극 가담했다면 그 처분행위는 무효이다. ( )

매수인이 수탁자의 배임행위에 적극 가담한 경우에 그 처분행위는 반사회적 법률행위에 해당하여 무효이다.

⑨ 강제집행을 면할 목적으로 부동산에 허위의 근저당권설정등기를 경료하는 행위는 특별한 사정이 없는 한 반사회적 법률행위에 해당하여 무효이다. ( )

강제집행을 면할 목적으로 부동산에 허위의 근저당권설정등기를 경료하는 행위는 특별한 사정이 없는 한 <u>반사회적 법률행위에 해당하지 않는다.</u>

⑩ 강제집행을 면할 목적으로 부동산을 명의신탁하는 것은 반사회질서의 법률행위에 해당하여 무효이다. ( )

명의신탁은 「부동산 실권리자명의 등기에 관한 법률」 위반으로 무효이다. 다만, <u>반사회질서의 법률행위에 해당하지는 않는다.</u>

⑪ 피보험자를 살해하여 보험금을 편취할 목적으로 체결한 생명보험계약은 무효이다. ( )

피보험자를 살해하여 보험금을 편취할 목적으로 체결한 생명보험계약은 반사회질서의 법률행위에 해당하여 무효이다.

⑫ 오로지 보험사고를 가장하여 보험금을 취득할 목적으로 체결한 생명보험계약은 무효이다. ( )

오로지 보험사고를 가장하여 보험금을 취득할 목적으로 체결한 생명보험계약은 반사회질서의 법률행위에 해당하여 무효이다.

⑬ 법률행위의 성립 과정에서 단지 강박이라는 불법적 방법이 사용된 데 불과한 때에는 반사회적 법률행위로 볼 수 없다. ( )

법률행위의 성립 과정에서 단지 강박이라는 불법적 방법이 사용된 데 불과한 때에는 강박에 의한 법률행위의 문제이지 반사회질서의 법률행위로 볼 수는 없다.

⑭ 민사사건에 관한 변호사 성공보수약정은 재판의 결과를 금전적 대가와 결부시키는 것으로서 사회질서에 위배되는 것으로 평가할 수 있다. ( )

민사사건에 관한 변호사의 성공보수약정은 <u>반사회질서의 법률행위로 볼 수는 없다.</u> 그러나 형사사건에 관한 변호사의 성공보수약정은 반사회질서의 법률행위에 해당하여 무효이다.

정답
⑦ X   ⑧ O   ⑨ X   ⑩ X   ⑪ O   ⑫ O
⑬ O   ⑭ X

⑮ 형사사건에 관한 변호사 성공보수약정은 반사회질서의 법률행위에 해당한다. ( )

형사사건에 관한 변호사의 성공보수약정은 반사회질서의 법률행위에 해당하여 무효이다.

⑯ 공무원의 직무에 관하여 특별한 청탁을 하고 이에 대하여 보수를 지급할 것을 내용으로 하는 계약은 반사회질서의 법률행위로서 무효이다. ( )

공무원의 직무에 관하여 특별한 청탁을 하고 이에 대하여 보수(뇌물)를 지급할 것을 내용으로 하는 계약은 반사회질서의 법률행위로서 무효이다.

⑰ 감정평가사를 통해 공무원에게 직무상 부정한 청탁을 하게 하고 그 대가로 상당한 금품을 교부하기로 한 약정은 무효이다. ( )

감정평가사를 통해 공무원에게 직무상 부정한 청탁을 하게 하고 그 대가로 상당한 금품을 교부하기로 한 약정은 반사회질서의 법률행위로서 무효이다.

⑱ 사찰이 그 존립에 필요불가결한 재산인 임야를 증여하는 계약은 무효이다. ( )

사찰이 그 존립에 필요불가결한 재산인 임야를 증여하는 계약은 생존의 기초가 되는 재산의 처분행위로 반사회질서의 법률행위에 해당하여 무효이다.

⑲ 수사기관에서 참고인으로서 자신이 잘 알지 못하는 내용에 대한 허위 진술을 하는 대가로 금전을 제공받기로 한 약정은 유효이다. ( )

허위 진술을 하는 대가로 금전을 제공받기로 한 약정은 급부의 상당성 여부와 관계없이 반사회질서의 법률행위에 해당하여 무효이다.

⑳ 어느 법률행위가 사회질서에 반하는지 여부는 특별한 사정이 없는 한 법률행위 당시를 기준으로 판단해야 한다. ( )

어느 법률행위가 사회질서에 반하는지 여부는 특별한 사정이 없는 한 법률행위 당시를 기준으로 판단한다.

㉑ 어떠한 일이 있어도 이혼하지 않겠다는 약속은 유효이다. ( )

어떠한 일이 있어도 이혼하지 않겠다는 약속은 개인의 자유를 극도로 제한하는 반사회적 법률행위에 해당하여 무효이다.

㉒ 반사회질서의 법률행위는 당사자가 무효임을 알고 추인하여도 새로운 법률행위로서 효과는 없다. ( )

반사회질서의 법률행위는 절대적 무효이기 때문에 당사자가 무효임을 알고 추인하여도 추인의 효과는 없다.

정답

⑮ O ⑯ O ⑰ O ⑱ O ⑲ X ⑳ O

㉑ X ㉒ O

㉓ 뇌물로 받은 금전을 소극적으로 은닉하기 위하여 이를 임치하는 약정은 반사회질서의 법률행위에 해당하지 않는다.   (   )

뇌물로 받은 금전을 소극적으로 은닉하기 위하여 단순히 임치하는 약정은 반사회질서의 법률행위에 해당하지 않는다.

㉔ 매매계약체결 당시에 정당한 대가를 지급하고 목적물을 매수하는 계약을 체결한 경우에는 그 후 목적물이 범죄행위로 취득된 것을 알게 되었다고 하더라도 반사회적 법률행위에 해당하지 않는다.   (   )

사회질서에 반하는지 여부는 법률행위 당시, 즉 계약체결 당시를 기준으로 판단한다. 따라서 매매계약체결 당시에 정당한 대가를 지급하고 목적물을 매수하는 계약을 체결한 경우에는 반사회질서의 법률행위에 해당하지 않는다.

㉕ 행정기관에 진정서를 제출하여 상대방을 궁지에 빠뜨린 다음 이를 취하하는 조건으로 거액의 급부를 제공받기로 한 약정은 반사회질서의 법률행위에 해당한다.   (   )

행정기관에 진정서를 제출하여 상대방을 궁지에 빠뜨린 다음 이를 취하하는 조건으로 거액의 급부를 제공받기로 한 약정은 반사회질서의 법률행위에 해당한다.

정답

㉓ O   ㉔ O   ㉕ O

필살귀 004   불공정한 법률행위

다음은 불공정한 법률행위에 관한 설명이다. 각 보기의 괄호 안에 OX를 표시하시오. (다툼이 있으면 판례에 따름)

해설

① 불공정한 법률행위는 무상계약에는 적용될 수 없다. ( )

불공정한 법률행위는 유상계약에서 적용된다. 따라서 무상계약에는 적용될 수 없다.

② 불공정한 법률행위에 관한 규정은 부담 없는 증여의 경우에도 적용된다. ( )

불공정한 법률행위는 쌍무계약에서 인정된다. 따라서 편무계약인 부담 없는 증여의 경우에는 적용되지 않는다.

③ 불공정한 법률행위가 되기 위해서는 피해자의 궁박, 경솔, 무경험 중 어느 하나만 있으면 되고 그 모두가 있어야 할 필요는 없다. ( )

피해자의 궁박, 경솔, 무경험 중 어느 하나만 있으면 충분하다.

④ 불공정한 법률행위의 요건으로서의 '궁박'은 경제적 원인에 기인한 경우만을 가리키고 정신적 또는 심리적 원인에 기인한 경우에는 궁박이 될 수 없다. ( )

'궁박'은 경제적·물질적 궁박뿐만이 아니라 정신적 또는 심리적 궁박도 포함한다.

⑤ 무경험은 특정 영역에 있어서의 경험부족이 아니라 거래 일반에 대한 경험부족을 의미한다. ( )

무경험은 거래 일반에 대한 경험부족을 의미한다.

⑥ 대리인에 의한 법률행위에서 궁박은 대리인을 기준으로 판단한다. ( )

대리인에 의한 법률행위에서 궁박은 본인을 기준으로 판단하고, 경솔, 무경험은 대리인을 기준으로 판단한다.

⑦ 상대방에게 폭리행위의 악의가 없다고 하더라도 불공정한 법률행위는 성립한다. ( )

불공정한 법률행위는 폭리행위이므로 폭리행위의 악의가 요건이다. 따라서 폭리행위의 악의가 없다면 불공정한 법률행위는 성립하지 않는다.

정답
① O   ② X   ③ O   ④ X   ⑤ O   ⑥ X
⑦ X

⑧ 당사자 중 일방이 상대방의 궁박, 경솔 또는 무경험을 알면서 이를 이용하려는 의사가 있어야 한다. (　　)

폭리행위의 악의, 즉 이용하려는 의사가 있어야 한다.

⑨ 급부와 반대급부 사이에 현저한 불균형이 존재하면 궁박, 경솔, 무경험은 추정된다. (　　)

불공정한 법률행위에서 요건은 추정되지 않는다. 따라서 급부와 반대급부 사이에 현저한 불균형이 존재하더라도 궁박, 경솔, 무경험은 <u>추정되지 않는다.</u>

⑩ 객관적 요건이 존재하는 경우에도 주관적 요건의 존재가 추정되지 않는다. (　　)

객관적 요건이 존재하는 경우에도 주관적 요건의 존재가 추정되지 않는다.

⑪ 급부와 반대급부 사이의 현저한 불균형은 그 무효를 주장하는 자가 증명해야 한다. (　　)

요건이 추정되지 않기 때문에 무효를 주장하는 자가 증명해야 한다.

⑫ 불공정한 법률행위에 해당하는지는 법률행위가 이루어진 시점을 기준으로 약속된 급부와 반대급부 사이의 객관적 가치를 비교 평가하여 판단해야 한다. (　　)

불공정한 법률행위에 해당하는지는 법률행위가 이루어진 시점을 기준으로 급부와 반대급부 사이의 객관적 가치를 비교 평가하여 판단한다.

⑬ 계약체결 당시 불공정한 법률행위가 아니더라도 사후에 외부 환경의 급격한 변화로 계약당사자 일방에게 큰 손실이, 상대방에게는 그에 상응하는 큰 이익이 발생할 수 있는 계약은 불공정한 계약에 해당한다. (　　)

불공정한 법률행위에 해당하는지는 <u>법률행위가 이루어진 시점을 기준으로 판단하기 때문에</u> 계약체결 당시 불공정한 법률행위가 아니라면 그 계약은 <u>불공정한 계약에 해당하지 않는다.</u>

⑭ 급부와 반대급부 사이의 현저한 불균형은 구체적·개별적 사안에서 거래행위 당사자의 의사를 기준으로 결정하여야 한다. (　　)

급부와 반대급부 사이의 현저한 불균형은 당사자의 의사 기준이 아니라 <u>객관적 가치를 비교 평가하여 판단한다.</u>

⑮ 이미 급부를 이행한 경우, 피해자는 이행한 급부의 반환을 청구할 수 있는 반면, 폭리행위자는 반환을 청구할 수 없다. (　　)

피해자는 보호가치가 있기 때문에 이행한 급부의 반환을 청구할 수 있는 반면, 폭리행위자는 보호가치가 없기 때문에 반환을 청구할 수 없다.

정답

⑧ O　⑨ X　⑩ O　⑪ O　⑫ O　⑬ X
⑭ X　⑮ O

⑯ 불공정행위의 양 당사자는 이미 이행한 것의 반환을 청구할 수 있다. ( )

불법원인급여자, 즉 폭리행위자는 이미 이행한 것의 반환을 청구할 수 없다.

⑰ 불공정한 법률행위로서 무효인 경우에도 추인하면 유효로 된다. ( )

불공정한 법률행위는 절대적 무효이다. 따라서 추인이 인정되지 않는다.

⑱ 매매계약이 약정된 매매대금의 과다로 불공정한 법률행위에 해당하여 무효인 경우에 무효행위의 전환에 관한 제138조가 적용될 수 없다. ( )

불공정한 법률행위에 해당하여 무효인 경우에도 무효행위의 전환에 관한 제138조가 적용될 수 있다.

⑲ 불공정한 법률행위로 불이익을 입는 당사자가 불공정성을 소송 등으로 주장할 수 없도록 하는 부제소합의는 특별한 사정이 없으면 무효이다. ( )

피해자는 소송을 통해서 구제받아야 하기 때문에 부제소합의는 특별한 사정이 없으면 무효이다.

⑳ 경매절차에서 경매 부동산의 매각대금이 시가보다 현저히 저렴한 경우, 그 경매는 불공정한 법률행위로서 무효이다. ( )

경매에 대해서는 불공정한 법률행위가 성립할 수 없다.

㉑ 불공정한 법률행위의 요건을 갖추지 못한 법률행위는 반사회질서의 법률행위가 될 수 없다. ( )

불공정한 법률행위는 반사회질서의 법률행위의 하나의 예시에 불과하다. 따라서 불공정한 법률행위의 요건을 갖추지 못한 법률행위는 반사회질서의 법률행위가 될 수 있다.

정답

⑯ X　　⑰ X　　⑱ X　　⑲ O　　⑳ X　　㉑ X

필살카 005 통정한 허위의 의사표시

채무자 甲은 채권자 A의 강제집행을 면탈할 목적으로 자신 소유 건물에 대해서 乙과 가장매매를 하고 乙 명의로 이전등기를 하였다. 각 보기의 괄호 안에 OX를 표시하시오. (다툼이 있으면 판례에 따름)

① 甲은 乙에게 부당이득반환청구권을 행사할 수 없다. ( )

② 甲은 乙에 대하여 말소등기청구권을 행사할 수 있다. ( )

③ 甲의 채권자 A는 甲의 말소등기청구권을 대위행사할 수 있을 뿐만 아니라 甲과 乙 사이의 가장매매계약에 대해서 채권자취소권을 행사할 수 있다. ( )

④ 乙로부터 토지를 양수한 丙이 선의의 제3자로 보호받기 위해서는 선의뿐만이 아니라 무과실도 인정되어야 한다. ( )

⑤ 乙로부터 토지를 선의로 양수한 丙이 있는 경우, 甲은 丙에 대하여 토지의 반환을 청구할 수 없다. ( )

⑥ 乙로부터 토지를 양수한 丙은 스스로 선의임을 입증해야 한다. ( )

⑦ 乙로부터 토지를 양수한 丙이 이후에 가장매매인 것을 알게 된 경우 가장매매의 무효를 주장할 수 있다. ( )

해설

가장매매는 불법원인급여가 아니기 때문에 甲은 乙에게 부당이득반환청구권을 행사할 수 <u>있다</u>.

乙의 등기는 무효이므로 甲은 乙에 대하여 말소등기청구권을 행사할 수 있다.

가장매매도 채권자취소권의 대상이 된다.

제3자 丙이 보호받기 위해서는 선의면 충분하다. <u>무과실은 요건이 아니다</u>.

선의의 丙은 소유권을 취득한다. 따라서 甲은 丙에게 토지의 반환을 청구할 수 없다.

제3자 丙의 <u>선의는 추정</u>된다. 따라서 丙은 스스로 선의임을 입증할 책임이 <u>없다</u>.

무효는 누구라도 주장할 수 있다. 따라서 제3자 丙도 무효를 주장할 수 있다.

정답

① X　② O　③ O　④ X　⑤ O　⑥ X
⑦ O

⑧ 乙로부터 토지를 양수한 丙이 선의이고 丙으로부터 부동산을 매수한 전득자가 악의인 경우에 甲은 전득자에게 무효를 주장할 수 있다.　　　　　　　（　　）

③ 乙로부터 토지를 양수한 丙이 악의인 경우에도 丙으로부터 부동산을 매수한 전득자가 선의라면 甲은 전득자에게 무효를 주장할 수 없다.　　　　　（　　）

⑩ 선의의 丙에 대해서는 통정허위표시의 당사자뿐만 아니라 그 누구도 통정허위표시의 무효로 대항할 수 없다.　　　　　　　（　　）

제3자 丙이 선의이면 소유권을 취득한다. 따라서 소유자, 즉 丙으로부터 부동산을 매수한 전득자는 <u>악의인 경우에도 소유권을 취득한다.</u> 따라서 甲은 전득자에게 무효를 주장할 수 <u>없다.</u>

전득자가 선의라면 선의의 제3자로 취급되어 보호받는다. 따라서 甲은 전득자에게 무효를 주장할 수 없다.

선의의 제3자 丙은 보호받는다. 따라서 그 누구도 통정허위표시의 무효로 선의의 제3자 丙에게 대항할 수 없다.

필살키 006   착오로 인한 의사표시

다음은 착오에 관한 설명이다. 각 보기의 괄호 안에 OX를 표시하시오. (다툼이 있으면 판례에 따름)

① 매매계약 내용의 중요부분에 착오가 있는 경우, 매수인은 매도인의 하자담보책임이 성립하는지와 상관없이 착오를 이유로 매매계약을 취소할 수 있다. ( )

② 동기의 착오를 이유로 표의자가 법률행위를 취소하려면 당사자들 사이에 그 동기를 의사표시의 내용으로 삼기로 하는 합의까지 이루어져야 한다. ( )

③ 부동산 매매에서 시가에 관한 착오는 원칙적으로 중요부분에 관한 착오에 해당하지 않는다. ( )

④ 토지의 현황, 경계에 관한 착오는 중요부분에 관한 착오에 해당한다. ( )

⑤ 토지 전부를 경작할 수 있는 농지인 줄 알고 매수하였으나 측량 결과 절반의 면적이 하천인 경우, 중요부분의 착오에 해당한다. ( )

⑥ 계약서에 X토지를 목적물로 기재한 때에도 Y토지에 대하여 의사의 합치가 있었다면 Y토지를 목적으로 하는 계약이 성립한다. ( )

해설

착오와 담보책임제도는 별개의 제도이다. 따라서 착오를 선택하여 취소할 수 있다.

동기의 착오를 이유로 표의자가 법률행위를 취소하려면 동기가 표시되어 법률행위의 내용이 되면 충분하다. <u>합의는 요건이 아니다.</u>

시가에 관한 착오는 일반적으로 동기의 착오에 불과하다.

토지의 현황, 경계에 관한 착오는 중요부분에 관한 착오에 해당한다.

토지 전부를 경작할 수 있는 농지인 줄 알고 매수하였으나 측량 결과 절반의 면적이 하천인 경우, 토지의 현황에 관한 착오로 중요부분의 착오에 해당한다.

계약은 합의가 있으면 성립한다. 따라서 Y토지에 대한 매매의 합치가 있으므로 Y토지 매매가 성립한다.

정답

① O   ② X   ③ O   ④ O   ⑤ O   ⑥ O

⑦ 상대방에 의해 유발된 동기의 착오는 동기가 표시된 경우에 한하여 법률행위 내용의 중요부분의 착오가 될 수 있다. ( )

상대방에 의해 유발된 동기의 착오는 착오자 보호를 위해서 동기가 표시되지 않은 경우에도 취소할 수 있다. 즉, 법률행위 내용의 중요부분의 착오가 될 수 있다.

⑧ 법률행위의 중요부분의 착오를 판단하는 기준은 표의자 내심의 의사이다. ( )

법률행위의 중요부분의 착오에 해당하기 위해서는 객관적 현저성(일반인 시각)과 주관적 현저성(표의자의 시각)이 모두 인정되어야 한다.

⑨ 착오자의 상대방도 착오로 인한 의사표시를 취소할 수 있는 취소권자이다. ( )

착오자가 취소권자이다.

⑩ 소의 취하 등과 같은 공법행위도 착오를 이유로 하는 취소가 허용된다. ( )

착오규정은 사법상의 법률행위에 적용된다. 따라서 공법행위는 착오를 이유로 취소할 수 없다.

⑪ 재건축조합이 재건축아파트 설계용역계약을 체결함에 있어서 상대방의 건축사 자격 유·무에 대해서 착오에 빠진 경우, 중요부분의 착오에 해당한다. 다만, 건축사 자격 유·무를 조사하지 않은 것은 중대한 과실에 해당한다. ( )

재건축아파트 설계용역계약에서 건축사 자격 유·무에 관한 착오는 중요부분의 착오에 해당한다. 그리고 건축사 자격 유·무를 조사할 법률상 의무는 없기 때문에 조사하지 않는 것은 중대한 과실에 해당하지 않는다.

⑫ 착오로 인하여 표의자가 경제적 불이익을 입지 않은 경우에도 법률행위 내용의 중요부분의 착오라고 할 수 있다. ( )

중요부분의 착오로 인정되기 위해서는 착오자에게 재산상 손해, 즉 경제적 불이익을 요구한다.

⑬ 장래 도시계획이 변경되어 호텔의 신축 허가를 받을 수 있을 것이라고 스스로 생각하여 토지의 매매계약을 체결했으나 그 후 예상대로 되지 않은 경우, 착오를 이유로 취소할 수 있다. ( )

단순 동기의 착오에 불과하기 때문에 착오를 이유로 취소할 수 없다.

⑭ 착오를 이유로 의사표시를 취소하는 자는 착오가 없었더라면 의사표시를 하지 않았을 것이라는 점을 증명하여야 한다. ( )

착오자는 착오에 빠진 사실을 입증해야 한다. 그리고 중요부분의 착오를 입증해야 한다.

정답

⑦ X   ⑧ X   ⑨ X   ⑩ X   ⑪ X   ⑫ X
⑬ X   ⑭ O

⑮ 착오한 표의자의 중대한 과실 유무에 관한 증명 책임은 의사표시의 효력을 부인하는 착오자에게 있다. ( )

착오자에게 중대한 과실이 있으면 취소하지 못하기 때문에 효과 발생을 원하는 상대방이 착오자의 중대한 과실을 입증해야 한다.

⑯ 법률행위가 성립조차 못한 경우에도 착오의 문제가 발생한다. ( )

무효나 취소는 법률행위가 성립한 이후에 발생하는 문제이다. 따라서 법률행위가 성립조차 못한 경우에 착오 취소의 문제는 발생할 수 없다.

⑰ 표의자가 착오를 이유로 의사표시를 취소한 경우, 취소로 인하여 손해를 입은 상대방은 표의자에게 불법행위로 인한 손해배상을 청구할 수 있다. ( )

착오를 이유로 취소하는 행위는 적법행위이다. 따라서 상대방은 표의자에게 불법행위로 인한 손해배상을 청구할 수 없다.

⑱ 착오가 표의자의 중대한 과실로 인한 때에는 표의자는 특별한 사정이 없는 한 그 의사표시를 취소할 수 없다. ( )

착오자에게 중대한 과실이 있으면 보호가치가 없으므로 취소할 수 없다.

⑲ 착오로 인한 의사표시의 취소에 관한 제109조 제1항은 당사자의 합의로 그 적용을 배제할 수 있다. ( )

착오규정은 임의규정이다. 따라서 당사자의 합의로 그 적용을 배제할 수 있다.

⑳ 동기의 착오를 이유로 계약을 취소하기 위해서는 그 동기가 상대방에게 표시되고 의사표시 내용의 중요부분으로 인정될 수 있어야 한다. ( )

동기의 착오를 이유로 계약을 취소하기 위해서는 그 동기가 상대방에게 표시되고 중요부분의 착오로 인정되어야 한다.

㉑ 착오가 표의자의 중대한 과실로 인한 경우에는 상대방이 표의자의 착오를 알고 이용하더라도 표의자는 의사표시를 취소할 수 없다. ( )

착오자에게 중대한 과실이 있으면 취소할 수 없는 것이 원칙이다. 다만, 상대방이 표의자의 착오를 알고 이용한 경우에 상대방은 보호가치가 없으므로 표의자는 의사표시를 취소할 수 있다.

정답
⑮ X   ⑯ X   ⑰ X   ⑱ O   ⑲ O   ⑳ O
㉑ X

㉒ 대리인의 표시 내용과 본인의 의사가 다른 경우, 본인은 착오를 이유로 의사표시를 취소할 수 없다. ( )

법률행위자가 대리인이기 때문에 착오 유무는 대리인을 기준으로 판단한다. 따라서 대리인의 표시 내용과 본인의 의사가 다른 경우, 착오가 아니므로 본인은 착오를 이유로 의사표시를 취소할 수 없다.

㉓ 법률에 관한 착오는 그것이 법률행위 내용의 중요부분에 관한 것이라 하더라도 착오를 이유로 취소할 수 없다. ( )

법률에 관한 착오도 착오에 해당한다. 따라서 중요부분의 착오인 경우 착오를 이유로 취소할 수 있다.

㉔ 착오의 존재 여부는 의사표시 당시를 기준으로 판단하므로, 장래의 불확실한 사실은 착오의 대상이 되지 않는다. ( )

장래의 불확실한 사실도 착오의 대상이 될 수 있다.

㉕ 시(市)의 개발사업을 위한 토지매수 협의를 진행하면서 토지 전부가 대상에 편입된다는 시 공무원의 말을 믿고 매매계약을 체결한 경우, 동기의 착오를 이유로 의사표시를 취소할 수 없다. ( )

상대방(공무원)에 의해서 유발된 동기의 착오에 해당한다. 따라서 취소할 수 있다.

㉖ 매도인이 매매대금 미지급을 이유로 매매계약을 해제한 후에는 매수인은 착오를 이유로 이를 취소할 수 없다. ( )

해제와 취소는 별개의 제도이다. 따라서 매도인이 해제한 후에도 매수인은 착오를 이유로 취소할 수 있다.

㉗ 대리인이 의사표시를 한 경우, 착오의 유무는 대리인을 표준으로 판단해야 한다. ( )

대리인이 법률행위자이다. 따라서 착오의 유무는 대리인을 표준으로 판단해야 한다.

정답
㉒ O ㉓ X ㉔ X ㉕ X ㉖ X ㉗ O

필살키 007 사기·강박에 의한 의사표시

다음은 사기나 강박에 의한 의사표시에 관한 설명이다. 각 보기의 괄호 안에 OX를 표시하시오. (다툼이 있으면 판례에 따름)

① 교환계약의 당사자가 자기 소유 목적물의 시가를 묵비하였다면 특별한 사정이 없는 한 위법한 기망행위가 성립한다.　　　（　　）

② 상대방의 기망행위로 의사결정의 동기에 관하여 착오를 일으켜 법률행위를 한 경우, 사기를 이유로 그 의사표시를 취소할 수 없다.
　　　　　　　　　　　　　　　（　　）

③ 매도인의 기망에 의하여 타인 소유의 물건을 매도인의 것으로 알고 매수한 자는 만일 그것이 타인의 물건인 줄 알았더라면 매수하지 아니하였을 사정이 있는 경우에는 매도인의 사기를 이유로 매매계약을 취소할 수 있다.　（　　）

④ 대리인의 기망행위로 계약을 체결한 상대방은 본인이 대리인의 기망행위에 대해 선의 그리고 무과실이면 계약을 취소할 수 없다.　（　　）

⑤ 강박에 의한 법률행위가 동시에 불법행위를 구성하는 경우, 그 취소의 효과로 생기는 부당이득반환청구권과 불법행위로 인한 손해배상청구권은 중첩적으로 행사할 수 없다.　（　　）

⑥ 타인의 과실 있는 기망행위로 인하여 착오에 빠져서 한 의사표시는 사기를 이유로 취소할 수 없다.　　　　　　　　　　（　　）

해설

교환계약의 당사자는 목적물의 시가를 상대방에게 고지할 법률상의 의무가 없다. 따라서 목적물의 시가를 고지하지 않은 경우, 즉 묵비한 경우에 기망행위는 성립하지 않는다.

사기를 당해서 착오에 빠진 사람은 보호가치가 있고, 기망행위자는 보호가치가 없기 때문에 중요부분의 착오이든 동기의 착오이든 사기를 이유로 취소할 수 있다.

담보책임과 사기는 별개의 제도이다. 따라서 사기를 이유로 취소할 수 있다.

본인과 대리인은 동일시 취급된다. 따라서 본인이 대리인의 기망행위에 대해 선의 그리고 무과실인 경우에도 상대방은 계약을 취소할 수 있다.

부당이득반환청구권과 불법행위로 인한 손해배상청구권은 중첩적으로 행사할 수 없고 선택할 수 있다.

사기가 성립하기 위해서는 기망행위자에게 고의가 있어야 한다.

정답

① X　② X　③ O　④ X　⑤ O　⑥ O

⑦ 표의자의 기망행위로 인한 착오는 주관적인 것으로도 족하고, 그 착오는 동기의 착오라도 무방하다. ( )

표의자의 기망행위로 인한 착오는 주관적인 것으로도 충분하고, 동기의 착오라도 상관없다.

⑧ 상대방의 사기에 속아 신원보증서류에 서명날인한다는 착각에 빠진 상태로 연대보증서면에 서명날인한 경우, 이러한 표시상의 착오에서는 착오 이외에 사기를 이유로도 연대보증계약을 취소할 수 있다. ( )

상대방의 사기에 속아 신원보증서류에 서명날인한다는 착각에 빠진 상태로 연대보증서면에 서명날인한 경우, 이것은 표시상의 착오에 해당한다. 따라서 착오가 아닌 사기를 이유로는 취소할 수 <u>없다</u>.

⑨ 재산상의 손해를 입히려고 하는 의사가 기망행위를 하는 자에게 있을 것을 요하지 않는다. ( )

재산상의 손해를 입히려고 하는 의사는 요건이 아니다.

⑩ 아파트 분양자가 아파트 인근에 쓰레기매립장이 건설될 예정이라는 사실을 분양계약자에게 고지하지 않는 것은 기망행위에 해당하지 않는다. ( )

아파트 분양자는 아파트 인근에 쓰레기매립장이 건설될 예정이라는 사실을 분양계약자에게 고지할 <u>법률상의 의무가</u> 있다. 따라서 고지하지 않는 것은 기망행위에 <u>해당한다</u>.

⑪ 토지거래허가를 받지 않아 유동적 무효상태에 있는 법률행위라도 사기에 의한 의사표시의 요건이 충족된 경우, 사기를 이유로 취소할 수 있다. ( )

토지허가구역 내의 토지매매에 대해서도 사기에 관한 규정은 적용된다.

⑫ 상대방의 피용자이거나 상대방이 사용자책임을 져야 할 관계에 있는 자는 제3자의 사기에 의한 의사표시에 있어서의 제3자에 해당하지만, 상대방의 대리인 등 상대방과 동일시할 수 있는 자는 제3자에 해당하지 않는다. ( )

제3자의 사기에 의한 의사표시에서 상대방의 <u>피용자</u>는 제3자에 해당하지만, 상대방의 <u>대리인</u> 등 상대방과 동일시할 수 있는 자는 제3자에 해당하지 않는다.

정답
⑦ O   ⑧ X   ⑨ O   ⑩ X   ⑪ O   ⑫ O

⑬ 제3자의 사기로 인하여 매매계약을 체결하여 손해를 입은 자가 제3자에 대해 손해배상을 청구하기 위해서 먼저 매매계약을 취소해야 한다. ( )

사기 자체가 <u>불법행위에</u> 해당하기 때문에 제3자의 사기로 인하여 매매계약을 체결하여 손해를 입은 자는 매매계약을 <u>취소하지 않고도</u> 제3자에게 손해배상을 청구할 수 있다.

⑭ 상대방 있는 의사표시에 관하여 제3자가 사기를 행한 경우에 표의자는 상대방이 그 사실을 안 경우에 한하여 그 의사표시를 취소할 수 있다. ( )

상대방 있는 의사표시에 관하여 제3자가 사기를 행한 경우에 표의자는 상대방이 그 사실을 <u>알았거나 알 수 있었을 경우에</u> 한하여 그 의사표시를 취소할 수 있다.

⑮ 강박의 정도가 극심하여 의사표시자의 의사결정의 자유가 완전히 박탈된 상태에서 이루어진 법률행위는 처음부터 효력이 없다. ( )

강박의 정도가 극심하여 의사표시자의 의사결정의 자유가 완전히 박탈된 상태에서 이루어진 법률행위는 무효, 즉 처음부터 효력이 없다.

필살귀 008 법률행위의 대리(1)

甲 소유의 아파트를 매도하는 계약을 체결할 대리권을 甲으로부터 수여받은 乙은 甲의 대리인임을 현명하고 丙과 매매계약을 체결하였다. 각 보기의 괄호 안에 OX를 표시하시오. (다툼이 있으면 판례에 따름)

① 乙은 특별한 사정이 없으면 丙으로부터 중도금이나 잔금을 수령할 권한이 있다. (   )

② 乙이 丙의 기망행위로 매매계약을 체결한 경우, 甲은 매매를 취소할 수 없다. (   )

③ 乙은 특별한 사정이 없는 한 매매계약을 해제할 권한이 있다. (   )

④ 만약 乙이 甲을 위한 것임을 표시하지 않은 경우, 특별한 사정이 없는 한 乙을 위한 것으로 본다. (   )

⑤ 만일 乙이 미성년자인 경우, 甲은 乙이 제한능력자임을 이유로 매매계약을 취소할 수 있다. (   )

⑥ 乙이 甲의 위임장을 제시하고 계약서에 乙의 이름만을 기재한 경우, 원칙적으로 甲을 대리하여 계약을 체결한 것으로 볼 수 있다. (   )

⑦ 만약 乙, A, B가 모두 대리인이라면 원칙적으로 공동으로 대리해야 한다. (   )

해설

대리인은 계약을 체결하고 매수인으로부터 중도금이나 잔금을 수령할 권한이 있다.

사기를 당했는지는 대리인을 기준으로 판단한다. 따라서 乙이 丙의 기망행위로 매매계약을 체결한 경우, 甲은 매매를 취소할 수 있다.

대리인이 매매계약의 체결 권한만 받았기 때문에 乙은 특별한 사정이 없는 한 매매계약을 해제할 권한이 없다.

현명을 하지 않은 경우에는 대리인 자신을 위한 것으로 본다. 따라서 乙이 甲을 위한 것임을 표시하지 않은 경우, 특별한 사정이 없는 한 乙을 위한 것으로 본다.

제한능력자도 대리행위를 유효하게 할 수 있다. 따라서 乙이 미성년자인 경우에도 그 대리행위는 유효하기 때문에 甲은 乙이 제한능력자임을 이유로 매매계약을 취소할 수 없다.

위임장 제시 자체가 현명에 해당한다.

대리인이 수인인 경우에는 각자 대리가 원칙이다.

정답

① O   ② X   ③ X   ④ O   ⑤ X   ⑥ O
⑦ X

⑧ 만약 乙이 丙 소유 주택을 매수했고 하자가 있다는 사실에 대해서 乙이 선의 그리고 무과실인 경우, 甲은 丙에게 담보책임을 물을 수 있다.　　　　　　　　(　)

어느 사정을 알았는지 몰랐는지는 대리인을 기준으로 판단한다. 따라서 대리인 乙이 선의 그리고 무과실인 경우라면 甲은 丙에게 담보책임을 물을 수 있다.

⑨ 乙이 파산선고를 받을 경우에도 乙의 대리권은 소멸하지 않는다.　　　　　　　　(　)

대리인의 사망, 성년후견의 개시, 파산은 대리권 소멸사유에 해당한다.

⑩ 乙은 甲의 승낙이 없더라도 부득이한 사유가 있다면 복대리인을 선임할 수 있다. (　)

임의대리인은 본인의 승낙이나 부득이한 사유가 있으면 복대리인을 선임할 수 있다.

⑪ 乙이 대리권을 남용한 경우, 무권대리에 해당한다.　　　　　　　　(　)

대리권 남용은 대리인이 대리권 범위 내에서 대리행위를 했지만, 대리인 자신이나 제3자를 위해서 대리행위를 한 것을 말한다. 따라서 대리권 범위 내에서 대리행위를 했기 때문에 유권대리에 해당한다.

⑫ 乙의 대리행위가 공서양속에 반하는 경우, 甲이 그 사정을 몰랐다 하더라도 그 행위는 무효이다.　　　　　　　　(　)

어느 사정을 알았는지 몰랐는지는 대리인을 기준으로 판단한다.

⑬ 甲이 乙에게 매매계약의 체결과 이행에 관한 포괄적 대리권을 수여한 경우, 특별한 사정이 없는 한 乙은 약정된 매매대금 지급기일을 연기하여 줄 권한을 가진다.　　(　)

이행에 관한 포괄적 대리권이 있기 때문에 대리인은 매매대금 지급기일을 연기해 줄 권한을 가진다.

필살기 009   법률행위의 대리(2)

대리권 없는 乙이 甲을 대리하여 丙에게 甲 소유의 토지를 매도하였다. 각 보기의 괄호 안에 OX를 표시하시오. (다툼이 있으면 판례에 따름)

해설

① 甲이 乙의 무권대리행위를 추인하기 위해서는 丙의 동의를 얻어야 한다.   (   )

본인은 상대방의 동의가 없어도 단독으로 추인할 수 있다.

② 丙이 계약체결 당시에 乙에게 매매계약 체결의 대리권이 없음을 안 경우에는 丙은 甲에게 乙의 무권대리행위의 추인 여부의 확답을 최고할 수 없다.   (   )

최고는 선의·악의를 불문한다. 따라서 악의의 상대방도 본인에게 최고할 수 있다.

③ 甲이 乙에게 추인한 경우, 丙이 추인 사실을 알기 전이라면 甲은 丙에게 계약의 이행을 청구할 수 없다.   (   )

본인의 추인이 있어도 상대방이 알기 전까지는 상대방에게 대항할 수 없다. 따라서 甲이 乙에게 추인한 경우, 丙이 추인 사실을 알기 전이라면 甲은 丙에게 계약의 이행을 청구할 수 없다.

④ 乙이 대리권을 증명하지 못하고 또 甲의 추인을 얻지 못한 때에는 乙은 자신의 선택에 따라 丙에게 계약의 이행 또는 손해배상의 책임이 있다.   (   )

무권대리인의 상대방에 대한 책임에서 계약의 이행이나 손해배상책임의 선택은 상대방이 선택한다.

⑤ 甲을 상속하게 된 乙은 丙으로부터 토지를 매수하여 이전등기를 경료한 丁에 대하여 대리행위의 무효를 이유로 등기말소를 청구할 수 있다.   (   )

무권대리인이 본인을 상속, 즉 승계한 경우, 추인거절이나 무효를 주장하는 것은 신의칙에 반한다. 따라서 무효를 이유로 등기말소를 청구할 수 없다.

⑥ 乙이 甲을 단독 상속한 경우, 乙은 소유자의 지위에서 丙에 대하여 토지의 점유로 인한 부당이득반환을 청구할 수 없다.   (   )

무권대리인이 본인을 상속, 즉 승계한 경우, 추인거절이나 무효를 주장하는 것은 신의칙에 반한다. 따라서 무효를 이유로 부당이득반환을 청구할 수 없다.

정답

① X   ② X   ③ O   ④ X   ⑤ X   ⑥ O

⑦ 乙이 甲을 단독으로 상속하여 X토지의 소유자가 되면, 乙은 본인의 지위에서 매매계약의 추인을 거절할 수 있다.　　　　　(　　)

무권대리인이 본인을 상속, 즉 승계한 경우, 추인거절이나 무효를 주장하는 것은 신의칙에 반한다.

⑧ 甲이 매매계약을 추인한 경우, 다른 의사표시가 없으면 그 계약은 추인한 때부터 장래를 향하여 효력이 있다.　　　　　　　(　　)

추인의 효과는 대리행위 시로 소급한다.

⑨ 상대방에 대한 무권대리인의 책임에 관한 규정에 의하여 乙은 丙에게 무과실책임을 진다.　　　　　　　　　　　　(　　)

무권대리인의 상대방에 대한 책임은 무과실책임이다.

⑩ 丙이 계약 당시 乙의 대리권 없음을 안 경우에도 甲의 추인 전이라면 매매계약을 철회할 수 없다.　　　　　　　　　(　　)

선의의 상대방만 철회할 수 있다.

⑪ 乙이 위 계약 당시 제한능력자인 경우, 乙은 丙에게 계약의 이행 또는 손해배상책임을 지지 않는다.　　　　　　　　(　　)

무권대리인의 상대방에 대한 책임은 무권대리인이 제한능력자가 아닌 경우에 인정된다. 따라서 乙이 위 계약 당시 제한능력자인 경우, 乙은 丙에게 계약의 이행 또는 손해배상책임을 지지 않는다.

⑫ 甲이 乙의 무권대리행위를 알면서도 丙에게 매매대금을 청구하여 전부를 수령한 경우에는 특별한 사정이 없는 한, 위 계약을 추인한 것으로 볼 수 있다.　　　　　　　　(　　)

본인이 매수인에게 매매대금을 청구하여 수령하였다면 추인할 의사가 있는 것으로 보아서 묵시적 추인이 인정된다.

⑬ 丙이 甲의 요구에 따라 매매대금 전부를 지급한 경우, 특별한 사정이 없는 한 丙은 甲에게 X건물의 소유권이전등기를 청구할 수 있다.　　　　　　　　　　　　(　　)

추인으로 인정되어 무권대리행위는 확정적 유효이다. 따라서 丙은 甲에게 X건물의 소유권이전등기를 청구할 수 있다.

⑭ 丙이 상당한 기간을 정하여 매매계약의 추인 여부에 대한 확답을 최고하였으나 甲이 그 기간 내에 확답을 발하지 않으면 추인을 거절한 것으로 본다.　　　　　　　　　　(　　)

최고에 대해서 본인이 아무런 확답을 발하지 않는 것은 추인할 의사가 없는 것으로 본다. 즉, 추인거절로 본다.

정답

⑦ X　　⑧ X　　⑨ O　　⑩ O　　⑪ O　　⑫ O
⑬ O　　⑭ O

⑮ 甲이 계약의 일부에 대하여 추인을 하는 경우에는 丙의 동의가 없어도 추인의 효력이 발생한다. ( )

추인은 <u>대리행위 전부에 대해서 해야 효과가 있다.</u> 따라서 본인이 계약의 일부에 대하여 추인을 하는 경우에는 <u>추인의 효력이 발생하지 않는 것이</u> 원칙이다. 다만, 상대방의 동의가 있으면 추인의 효력이 있다.

⑯ 甲은 乙 또는 丙을 상대로 매매계약을 추인할 수 있다. ( )

추인의 상대방은 제한이 없다.

⑰ 만약 乙이 관련 서류를 위조해서 처분한 경우, 甲은 乙의 처분행위와 사문서위조행위를 불문에 붙이기로 합의하는 등 묵시적인 방법으로도 매매계약을 추인할 수 있다. ( )

추인의 방법에는 제한이 없다. 따라서 명시적·묵시적인 방법으로도 매매계약을 추인할 수 있다.

⑱ 甲의 추인을 얻지 못한 경우, 丙이 무권대리에 관하여 선의이더라도 과실이 있으면 乙은 계약을 이행할 책임을 부담하지 않는다. ( )

무권대리인의 상대방에 대한 책임(제135조)은 상대방을 보호하기 위한 제도이기 때문에 상대방은 선의 그리고 무과실이 인정되어야 한다. 따라서 상대방에게 과실이 있으면 무권대리인은 책임을 지지 않는다.

⑲ 무권대리의 추인에 관한 제130조, 제133조 등은 무권리자의 처분행위에 관한 권리자의 추인에 유추적용할 수 없다. ( )

무권대리의 추인에 관한 제130조, 제133조 등은 무권리자의 처분행위에 관한 권리자의 추인에 유추적용할 수 <u>있다.</u>

⑳ 제135조 무권대리인의 상대방에 대한 책임에서 상대방이 대리권이 없음을 알았다는 사실 또는 알 수 있었는데도 알지 못하였다는 사실에 관한 주장·증명책임은 무권대리인에게 있다. ( )

주장하는 자에게 입증책임이 있기 때문에 무권대리인이 입증해야 한다.

㉑ 丙이 매매계약을 철회하는 경우, 철회의 효과를 다투는 甲은 丙이 乙에게 대리권이 없다는 사실에 관하여 악의임을 증명할 책임이 있다. ( )

주장하는 자에게 입증책임이 있기 때문에 본인이 입증해야 한다.

정답

⑮ X ⑯ O ⑰ O ⑱ O ⑲ X ⑳ O
㉑ O

필살카 010 법률행위의 무효와 취소

다음은 **법률행위의 무효와 취소**에 관한 설명이다. 각 보기의 괄호 안에 OX를 표시하시오. (다툼이 있으면 판례에 따름)

해설

① 법률행위가 무효임을 알고 이를 추인한 때에는 원칙적으로 소급하여 유효가 된다. (　　)

무효행위의 추인은 과거의 무효와 관계없는 새로운 법률행위를 한 것으로 본다. 따라서 추인한 때부터 유효이다. 즉, 소급효가 없는 것이 원칙이다.

② 무효인 가등기를 유효한 등기로 전용하기로 한 약정이 있다면 그 가등기는 소급하여 유효한 등기로 전환된다. (　　)

무효등기의 유용은 소급효가 없다.

③ 사기를 이유로 취소된 법률행위는 처음부터 무효인 것으로 본다. (　　)

취소권을 행사하면 처음부터 무효이다. 즉, 소급효가 있다.

④ 기망에 의하여 근로계약을 체결한 사용자가 사기를 이유로 근로계약을 취소한 경우, 근로계약은 소급하여 효력을 상실한다. (　　)

근로계약의 취소는 근로자를 보호하기 위해서 소급효가 인정되지 않는다.

⑤ 제한능력자의 책임을 제한하는 제141조 단서는 의사능력의 흠결을 이유로 법률행위가 무효가 되는 경우에는 유추적용될 수 없다. (　　)

제한능력자의 책임을 제한하는 제141조 단서(현존이익의 반환)는 의사능력의 흠결을 이유로 법률행위가 무효가 되는 경우에도 유추적용될 수 있다.

⑥ 甲이 乙의 사기로 토지를 乙에게 헐값에 판 후 乙이 丙에게 전매한 경우, 사기로 인한 법률행위의 취소의 상대방은 乙이다. (　　)

취소의 상대방은 법률행위의 직접 상대방이다.

⑦ 법정대리인의 동의 없이 매매계약을 체결한 미성년자는 성년이 되지 않았더라도 단독으로 그 계약을 추인할 수 있다. (　　)

추인은 취소 원인 종료 후에 가능하다. 따라서 미성년자는 성년이 되면 추인할 수 있으며, 미성년 상태에서는 단독으로 추인할 수 없다.

정답

①X　　②X　　③O　　④X　　⑤X　　⑥O
⑦X

⑧ 부동산 이중매매에서 매도인의 배임행위에 제2매수인이 적극가담한 경우, 제2매수인의 매매계약은 무효이고 추인에 의하여 유효로 되지 않는다. ( )

매도인의 배임행위에 제2매수인이 적극가담한 경우, 매매는 절대적 무효이다. 따라서 추인은 인정되지 않는다.

⑨ 하나의 법률행위가 가분적이거나 그 목적물의 일부가 특정될 수 있고, 그 나머지는 부분을 유지하려는 당사자의 가정적 의사가 인정되는 경우, 그 일부만의 취소도 가능하다. ( )

일부무효가 인정되는 것처럼 일정한 요건하에서 일부취소가 인정된다.

⑩ 무효인 계약의 성립에 기초하여 외견상 있는 것처럼 보이는 의무를 위반한 계약당사자를 상대로 하여 채무불이행을 이유로 하는 손해배상을 청구할 수 있다. ( )

채무불이행은 채무가 있어야 하는데, 무효인 계약은 채무 자체가 없기 때문에 채무불이행을 이유로 하는 손해배상 문제는 발생하지 않는다.

⑪ 강박에 의한 의사표시는 법률행위를 한 날로부터 10년이 경과하면 취소하지 못한다. ( )

취소권 행사는 추인할 수 있는 날부터 3년, 법률행위를 한 날부터 10년 이내 행사해야 한다.

⑫ 취소할 수 있는 법률행위의 취소 원인이 소멸한 후에 취소권자의 상대방이 이행을 청구한 경우에는 다른 사정이 없는 한, 법률상 당연히 추인이 있었던 것으로 본다. ( )

취소할 수 있는 법률행위의 취소 원인이 소멸한 후에 취소권자가 상대방에게 이행을 청구한 경우에는 취소할 의사가 없기 때문에 추인으로 본다. 그러나 취소권자의 상대방이 이행을 청구한 경우에는 추인으로 볼 수 없다.

⑬ 제한능력을 이유로 법률행위가 취소된 경우, 제한능력자는 그 행위로 인하여 받은 이익이 현존하는 한도에서 상환할 책임이 있다. ( )

제한능력자를 보호하기 위해서 선의·악의를 불문하고 현존 이익만 반환하면 된다.

⑭ 법정대리인은 취소 원인의 종료 전에도 제한능력자가 한 취소할 수 있는 법률행위를 추인할 수 있다. ( )

법정대리인은 제한 없이 추인할 수 있다. 따라서 취소 원인의 종료 전에도 추인할 수 있다.

정답
⑧ O   ⑨ O   ⑩ X   ⑪ O   ⑫ X   ⑬ O
⑭ O

⑮ 무효행위 또는 무권대리행위의 추인은 단독행위로서 묵시적인 방법으로 할 수 없다.　　　　　(　)

추인의 방법은 제한이 없다. 따라서 <u>묵시적 추인도 인정된다.</u>

⑯ 유동적 무효인 토지거래계약이 확정적으로 무효가 된 경우, 이에 대해 귀책사유가 있는 자는 계약의 무효를 주장할 수 없다.　　(　)

무효는 <u>누구든지 주장할 수 있다.</u> 따라서 유동적 무효인 토지거래계약이 확정적으로 무효가 된 경우, 귀책사유가 있는 자도 무효를 주장할 수 <u>있다.</u>

⑰ 허가구역 지정기간이 만료되었음에도 허가구역 재지정을 하지 아니한 경우, 계약의 유동적 무효상태는 지속된다.　　　　　(　)

허가구역 지정기간이 만료되었음에도 허가구역 재지정을 하지 아니한 경우에는 더 이상 투기위험이 없기 때문에 <u>확정적 유효</u>가 된다.

⑱ 토지거래허가를 받기 전에 매수인은 매도인의 소유권이전등기의무 불이행을 이유로 계약을 해제할 수 없다.　　　　　　　(　)

토지거래허가를 받기 전에는 계약이 무효이기 때문에 매도인은 소유권이전의무가 없다. 따라서 매수인은 매도인의 소유권이전등기의무 불이행을 이유로 계약을 해제할 수 없다.

정답
⑮ X　　⑯ X　　⑰ X　　⑱ O

필살키 011 　조건과 기한

다음은 조건과 기한에 관한 설명이다. 각 보기의 괄호 안에 OX를 표시하시오. (다툼이 있으면 판례에 따름)

① 법정조건도 법률행위의 부관으로서 조건에 해당한다. （　）

② 채무면제에는 조건을 붙일 수 있다. （　）

③ 조건의 성취로 인하여 불이익을 받을 당사자가 신의성실에 반하여 조건의 성취를 방해한 때에는 상대방은 그 조건이 성취한 것으로 주장할 수 있다. （　）

④ 시기 있는 법률행위는 기한이 도래한 때로부터 그 효력이 생긴다. （　）

⑤ 기한도래의 효과는 소급효과가 없는 것이 원칙이지만, 특약에 의해서 소급효를 인정할 수 있다. （　）

⑥ 불법조건이 붙어 있는 법률행위는 조건만 무효이다. （　）

⑦ 유언에는 조건을 붙일 수 없다. （　）

⑧ 조건을 붙이고자 하는 의사가 있더라도 그것이 표시되지 않으면 법률행위의 부관으로서의 조건이 되는 것은 아니다. （　）

해설

당사자가 임의로 붙이는 것이 조건이다. 따라서 법정조건은 조건이 아니다.

상대방에게 이익만 주는 유증이나 채무면제에는 조건을 붙일 수 있다.

조건의 성취로 인하여 불이익을 받을 당사자가 신의성실에 반하여 조건의 성취를 방해한 때에는 상대방 보호를 위해서 상대방은 그 조건이 성취한 것으로 주장할 수 있다.

시기 있는 법률행위는 기한이 도래한 때로부터 그 효력이 생긴다.

기한도래의 효과는 언제나 소급효과가 없다.

조건과 법률행위는 일체이다. 따라서 불법조건이 붙어 있는 법률행위는 조건만 무효가 아니라 법률행위 전부가 무효이다.

유언에는 조건을 붙일 수 있다.

조건으로 인정되기 위해서는 조건 의사와 표시가 필요하다. 따라서 조건을 붙이고자 하는 의사가 있더라도 그것이 표시되지 않으면 조건이 될 수 없다.

정답

①X ②O ③O ④O ⑤X ⑥X
⑦X ⑧O

⑨ 조건부 법률행위에서 조건은 외부에 표시되지 않으면 그 법률행위의 동기에 불과하다. (　)

조건을 붙이고자 하는 의사가 있더라도 그것이 표시되지 않으면 동기에 불과하다.

⑩ 조건성취의 효력발생시기에 관한 민법의 규정은 임의규정이다. (　)

조건성취의 효과는 특약으로 다르게 정할 수 있기 때문에 임의규정이다.

⑪ 조건부 법률행위에 있어서 조건의 내용 자체가 불법으로 무효인 경우, 특별한 사정이 없는 한 그 조건만을 분리하여 일부만 무효로 할 수는 없다. (　)

조건과 법률행위는 일체이다. 따라서 조건만을 분리하여 일부만 무효로 할 수는 없다.

⑫ 조건에 친하지 않은 법률행위에 불법조건을 붙이면 조건 없는 법률행위로 전환된다. (　)

조건에 친하지 않은 법률행위에 불법조건을 붙이면 <u>무효</u>이다.

⑬ 기한은 특별한 사정이 없는 한 채무자의 이익을 위한 것으로 추정한다. (　)

기한은 특별한 사정이 없는 한 채무자의 이익을 위한 것으로 추정한다.

⑭ 기한은 채무자의 이익을 위한 것으로 본다. (　)

기한은 채무자의 이익을 위한 것으로 <u>추정한다</u>.

⑮ 조건의 성취가 미정한 권리·의무는 일반규정에 의하여 처분, 상속, 보존 또는 담보로 할 수 있다. (　)

조건부 권리도 권리로서 보호받는다. 따라서 처분, 상속, 보존 또는 담보로 할 수 있다.

⑯ 기한이익 상실의 특약은 특별한 사정이 없는 한, 정지조건부 기한이익 상실의 특약으로 추정한다. (　)

기한이익 상실의 특약은 특별한 사정이 없는 한, <u>형성권적</u> 기한이익 상실의 특약으로 추정한다.

⑰ 기한의 이익이 채권자 및 채무자 쌍방에게 있는 경우, 채무자는 기한의 이익을 포기할 수 있다. (　)

기한의 이익은 포기할 수 있다.

정답

⑨ O　⑩ O　⑪ O　⑫ X　⑬ O　⑭ X
⑮ O　⑯ X　⑰ O

⑱ 법률행위에 정지조건이 붙어 있다는 사실의 증명책임은 그 법률효과의 발생을 다투는 자에게 있다.　　　　　　　　　　　　(　　)

정지조건이 있으면 일단 효력이 발생하지 않기 때문에 효과발생을 원하지 않는 자, 즉 효과발생을 다투는 자가 법률행위에 정지조건이 붙어 있다는 사실을 증명해야 한다.

⑲ 당사자가 조건성취의 효력을 그 성취 전에 소급하게 할 의사를 표시하였더라도 특별한 사정이 없는 한 소급하지 않는다.　　　(　　)

조건성취의 효과는 <u>당사자의 특약으로</u> 소급하게 할 수 있다.

⑳ 장래의 사실이더라도 그것이 장래 반드시 실현되는 사실이면 실현되는 시기가 비록 확정되지 않더라도 이는 기한으로 보아야 한다.(　　)

확실하면 기한으로 본다.

정답

⑱ O　　　⑲ X　　　⑳ O

PART 02 물권법

합격서 pp.52~53

필살귀 012 물권적 청구권

다음은 물권적 청구권에 관한 설명이다. 각 보기의 괄호 안에 OX를 표시하시오. (다툼이 있으면 판례에 따름)

① 물권적 청구권은 물권과 분리하여 양도할 수 있다. ( )

② 물권적 청구권을 보전하기 위해서 가등기를 할 수 있다. ( )

③ 물권적 청구권과 불법행위로 인한 손해배상청구권은 병존할 수 없다. ( )

④ 특별한 사정이 없는 한 합의해제에 따른 부동산 매도인의 원상회복청구권은 소유권에 기한 물권적 청구권으로서 소멸시효의 대상이 되지 않는다. ( )

⑤ 침해자의 고의·과실이 없는 경우에도 물권적 청구권을 행사할 수 있다. ( )

⑥ 소유권을 상실한 전(前) 소유자도 제3자인 불법점유자에 대하여 소유권에 기한 물권적 청구권에 의한 방해배제를 청구할 수 있다. ( )

해설

물권(주)과 물권적 청구권(종)은 운명을 함께한다. 따라서 물권적 청구권은 물권과 분리하여 양도할 수 없다.

물권변동을 가져오는 청구권을 보전하기 위해서 가등기를 한다. 따라서 물권의 변동과 관계없는 물권적 청구권을 보전하기 위해서 가등기를 할 수 없다.

침해자에게 고의 또는 과실이 있다면 불법행위가 성립하기 때문에 이 경우 물권적 청구권과 불법행위로 인한 손해배상청구권은 병존할 수 있다.

계약을 합의해제하면 말소등기 없이도 소유권은 당연히 매도인에게 회복된다. 따라서 매도인의 원상회복청구권(말소등기청구권)은 소유권에 기한 물권적 청구권으로서 소멸시효의 대상이 되지 않는다.

침해자의 고의·과실은 물권적 청구권의 요건이 아니다.

물권적 청구권을 행사하기 위해서는 물권이 있어야 한다. 따라서 소유권을 상실한 전(前) 소유자는 더 이상 물권이 없기 때문에 소유권에 기한 물권적 청구권에 의한 방해배제를 청구할 수 없다.

정답
① X ② X ③ X ④ O ⑤ O ⑥ X

⑦ 점유권에 기한 점유물반환청구권은 그 행사기간에 제한이 있으나, 소유권에 기한 소유물 반환청구권은 그 행사기간에 제한이 없다. ( )

점유권에 기한 점유물반환청구권은 그 행사기간에 제한(침탈당한 날부터 1년)이 있으나, 소유권에 기한 소유물반환청구권은 그 행사기간에 제한이 없다.

⑧ 진정명의회복을 위한 소유권이전등기청구의 상대방은 현재의 등기명의인이다. ( )

진정명의회복을 위한 소유권이전등기청구의 상대방은 현재의 등기명의인이다.

⑨ 소유물방해예방청구권에서 관념적인 방해의 가능성만으로는 방해의 염려가 있다고 할 수 없다. ( )

소유물방해예방청구권에서 방해의 염려가 있다고 하기 위해서는 방해예방의 소에 의하여 미리 보호받을 만한 가치가 있는 것으로서 객관적으로 근거 있는 상당한 개연성을 가져야 할 것이고 관념적인 가능성만으로는 이를 인정할 수 없다.

⑩ 간접점유자도 제3자의 점유침해에 대하여 물권적 청구권을 행사할 수 있다. ( )

간접점유자도 점유권이 있기 때문에 제3자의 점유침해에 대하여 물권적 청구권을 행사할 수 있다.

⑪ 미등기 무허가건물의 양수인은 미등기인 상태에서 소유권에 기한 방해제거청구를 할 수 없다. ( )

미등기 무허가건물의 양수인은 미등기인 상태에서 소유권이 없기 때문에 소유권에 기한 방해제거청구를 할 수 없다.

⑫ 소유권이전등기 없이 토지를 인도받은 매수인으로부터 다시 토지를 매수하여 점유·사용하고 있는 자에 대하여 매도인은 토지소유권에 기하여 반환을 청구할 수 있다. ( )

미등기매수인은 소유권은 없지만 매수인으로 점유할 권한이 있다. 즉, 적법점유에 해당하기 때문에 매도인은 토지소유권에 기하여 반환을 청구할 수 없다.

⑬ 점유보조자는 물권적 청구권의 상대방이 될 수 있다. ( )

물권적 청구권은 무단점유자를 상대로 청구할 수 있다. 따라서 점유보조자는 점유자가 아니기 때문에 물권적 청구권의 상대방이 될 수 없다.

⑭ 지역권자는 지역권의 침해를 이유로 승역지의 반환을 청구할 수 있다. ( )

지역권자에게 방해제거청구권과 방해예방청구권이 인정된다. 다만, 반환청구권은 인정되지 않는다.

⑮ 토지의 저당권자는 무단점유자에 대해 저당권에 기한 저당물반환청구권을 행사할 수 없다. ( )

저당권자에게 방해제거청구권과 방해예방청구권이 인정된다. 다만, 반환청구권은 인정되지 않는다.

정답

⑦ O ⑧ O ⑨ O ⑩ O ⑪ O ⑫ X
⑬ X ⑭ X ⑮ O

⑯ 임대차 목적물의 침해자에 대하여 임차인은 점유보호청구권을 행사할 수 있으나, 소유자인 임대인은 점유보호청구권을 행사할 수 없다. ( )

임대인도 간접점유자로서 점유권이 있기 때문에 점유보호청구권을 행사할 수 <u>있다</u>.

⑰ 소유물반환청구권의 상대방인 점유자가 그 물건을 점유할 권리가 있는 때에는 반환을 거부할 수 있다. ( )

소유물반환청구권은 무단점유자를 상대로 행사한다. 따라서 소유물반환청구권의 상대방인 점유자가 그 물건을 점유할 권리가 있는 때에는 반환을 거부할 수 있다.

정답
⑯ X   ⑰ O

필살키 013 법률의 규정에 의한 부동산물권변동

다음은 부동산의 물권변동에 관한 설명이다. 각 보기의 괄호 안에 OX를 표시하시오. (다툼이 있으면 판례에 따름)

해설

① 합유자가 그 지분을 포기하면 지분권이전등기를 하지 않더라도, 포기된 합유지분은 나머지 잔존 합유지분권자들에게 물권적으로 귀속하게 된다.　　　　　　　　(　　)

합유지분의 포기는 <u>법률행위</u>에 해당하기 때문에 <u>등기를 해야</u> 잔존 합유지분권자들에게 물권적으로 귀속된다.

② 건물전세권이 법정갱신된 경우, 등기 없이도 갱신의 효과가 발생한다.　　　(　　)

법정갱신은 법률의 규정이므로 등기 없이도 갱신의 효과가 발생하고 등기 없이도 대항할 수 있다.

③ 신축건물의 보존등기를 건물 완성 전에 하였더라도 그 후 건물이 완성된 이상 그 등기는 무효가 아니다.　　　　　　　　　(　　)

신축건물의 보존등기를 건물 완성 전에 미리 한 경우에도 그 후 건물이 완성된 이상 그 등기는 무효가 아니다.

④ 무허가건물의 신축자는 등기 없이 소유권을 원시취득하지만, 이를 양도하는 경우에는 등기 없이 인도에 의하여 소유권을 이전할 수 없다.　　　　　　　　　　　(　　)

건물의 신축은 원시취득으로 등기 없이도 소유권을 취득한다. 다만, 처분하기 위해서는 등기를 해야 한다.

⑤ 공유물분할의 소에서 공유부동산의 특정한 일부씩을 각각의 공유자에게 귀속시키는 것으로 현물분할 협의가 성립하여 조정이 성립하였다면, 그 조정이 성립한 때 물권변동의 효력이 발생한다.　　　　　　　　　(　　)

공유물분할의 소에서 현물분할 협의가 성립하여 조정이 성립한 경우, <u>등기를 해야</u> 물권변동의 효력이 발생한다.

⑥ 매매계약의 취소에 의한 소유권의 복귀는 등기를 요한다.　　　　　　　　　(　　)

매매계약을 취소하면 <u>말소등기 없이</u> 소유권은 당연히 매도인에게 회복된다.

⑦ 재단법인의 설립을 위해 부동산을 출연한 경우, 출연자와 재단법인 사이에서도 소유권이전등기 없이는 재단법인의 소유가 되지 않는다.　　　　　　　　　　(　　)

재단법인의 설립을 위해 부동산을 출연한 경우, 출연자와 재단법인 사이에서는 <u>소유권이전등기 없이도</u> 법인 설립 시에 <u>법인소유가 된다.</u>

정답

①X　②O　③O　④O　⑤X　⑥X
⑦X

⑧ 소유권이전등기청구소송에서 승소판결이 확정된 경우에도 매수인은 등기하여야 소유권을 취득한다. (　)

이행판결은 등기를 해야 물권을 취득한다.

⑨ 공용징수에 의한 부동산 소유권의 취득에는 등기를 요하지 않는다. (　)

공용징수에 의한 부동산 소유권의 취득은 법률의 규정에 의한 물권의 취득이므로 등기를 요하지 않는다.

⑩ 甲이 그 소유의 토지를 乙에게 증여하면서 매매를 한 것처럼 꾸며 소유권이전등기를 해준 경우, 乙은 그 토지의 소유권을 취득한다. (　)

증여는 유효이기 때문에 등기는 실체관계에 부합하는 유효등기이다. 따라서 乙은 그 토지의 소유권을 취득한다.

⑪ 전세권의 존속기간 만료에 의한 소멸은 등기를 요하지 않는다. (　)

전세권의 존속기간이 만료하면 말소등기 없이 전세권은 당연히 소멸한다.

⑫ 분묘기지권의 취득시효는 등기를 요한다. (　)

분묘기지권은 등기할 방법이 없다.

⑬ 계속되고 표현된 지역권의 시효취득은 등기를 요한다. (　)

점유취득시효에 의한 지역권의 취득은 등기를 요한다(제187조의 예외).

⑭ 법정지상권의 취득은 등기를 요한다. (　)

법정지상권의 취득은 등기를 요하지 않는다. 다만, 처분 시 등기를 요한다.

⑮ 피담보채권 소멸에 의한 저당권의 소멸은 등기를 요한다. (　)

채권(주)이 소멸하면 저당권(종)은 말소등기 없이도 당연히 소멸한다.

⑯ 공유물분할판결에 의한 물권의 변동은 등기를 요한다. (　)

공유물분할판결은 형성판결이다. 따라서 등기를 요하지 않는다.

⑰ 자기의 노력과 비용으로 건물을 신축한 자는 그 건축허가가 타인의 명의로 된 경우에도 그 건물의 소유권을 원시취득한다. (　)

자기의 노력과 비용으로 건물을 신축한 자는 그 건축허가가 타인의 명의로 된 경우에도 그 건물의 소유권을 원시취득한다.

정답

⑧ O ⑨ O ⑩ O ⑪ O ⑫ X ⑬ O
⑭ X ⑮ X ⑯ X ⑰ O

필살키 014 점유

다음은 점유에 관한 설명이다. 각 보기의 괄호 안에 OX를 표시하시오. (다툼이 있으면 판례에 따름)

① 선의의 점유자에게 과실취득권이 있다는 이유만으로 불법행위로 인한 손해배상책임이 배제되지는 않는다. ( )

② 점유자는 소유의 의사로 선의, 평온, 공연하게 점유하는 것으로 추정되지만, 점유자의 무과실은 추정되지 않는다. ( )

③ 甲이 그 소유 건물을 乙에게 임대하여 인도한 경우에도 甲에게 점유권이 인정된다. ( )

④ 선의의 점유자라도 본권에 관한 소에 패소한 때에는 패소판결 확정 시부터 악의의 점유자로 본다. ( )

⑤ 점유자의 특정승계인이 자기의 점유와 전(前) 점유자의 점유를 아울러 주장하는 경우에는 그 점유의 하자도 승계한다. ( )

⑥ 점유의 승계가 있는 경우, 전 점유자의 점유가 타주점유라 하여도 점유자의 승계인이 자기의 점유만을 주장하는 경우에는 현 점유자의 점유는 자주점유로 추정된다. ( )

⑦ 명의수탁자가 부동산을 점유하는 경우, 그 점유는 특별한 사정이 없는 한 타주점유이다. ( )

해설

선의의 점유자에게 과실(過失)이 있는 경우에도 과실취득권이 인정된다. 다만, 점유자의 과실(過失)로 회복자에게 손해가 발생한 경우에는 점유자는 회복자에게 불법행위책임을 부담한다.

점유자는 소유의 의사로 선의, 평온, 공연하게 점유하는 것으로 추정되지만, 점유자의 무과실은 추정되지 않는다.

임대인에게도 간접점유권이 인정된다.

선의의 점유자라도 본권에 관한 소에 패소한 때에는 소 제기 시부터 악의의 점유자로 본다.

점유자의 특정승계인이 자기의 점유와 전(前) 점유자의 점유를 아울러 주장하는 경우(점유의 병합) 그 점유의 하자도 승계한다.

점유하고 있으면 자주점유는 추정된다.

명의수탁자는 소유자인 명의신탁자가 있음을 알고 점유하고 있다. 따라서 명의수탁자의 점유는 특별한 사정이 없는 한 타주점유이다.

정답

① O   ② O   ③ O   ④ X   ⑤ O   ⑥ O
⑦ O

⑧ 점유계속의 추정은 동일인이 전후 양 시점에 점유한 것이 증명된 때에만 적용되는 것이 아니고 전후 양 시점의 점유자가 다른 경우에도 점유의 승계가 입증된다면 점유계속은 추정된다. ( )

점유계속의 추정은 동일인이 전후 양 시점에 점유한 것이 증명된 때에만 적용되는 것이 아니고 전후 양 시점의 점유자가 다른 경우에도 점유의 승계가 입증된다면 점유계속은 추정된다.

⑨ 전후 양 시점의 점유자가 다르더라도 점유의 승계가 증명된다면 점유가 계속된 것으로 간주된다. ( )

전후 양 시점의 점유자가 다르더라도 점유의 승계가 증명된다면 점유가 계속된 것으로 <u>추정된다.</u>

⑩ 선의의 점유자가 본권에 관한 소에 패소한 때에는 소가 제기된 때부터 악의의 점유자로 의제되는데, 소가 제기된 때란 소장이 법원에 제출된 때를 말한다. ( )

소가 제기된 때란 <u>소장부본이 피고에게 송달된 때</u>를 말한다.

⑪ 다른 사정이 없으면, 건물의 소유자가 그 부지를 점유하는 것으로 보아야 한다. ( )

건물이 존재하기 위해서는 부지가 필수이다. 따라서 건물의 소유자가 그 부지를 점유하는 것으로 본다.

⑫ 甲이 신축한 건물의 경비원 乙이 甲의 지시를 받아 건물을 사실상 지배하고 있다면 乙은 그 건물의 점유자가 된다. ( )

경비원은 단지 <u>점유보조자에 불과</u>하다. 즉, 점유자가 <u>아니다.</u>

정답

⑧ O　　⑨ X　　⑩ X　　⑪ O　　⑫ X

필살키 015 　점유자와 회복자의 관계

다음은 점유자와 회복자의 관계에 관한 설명이다. 각 보기의 괄호 안에 OX를 표시하시오. (다툼이 있으면 판례에 따름)

해설

① 선의의 점유자가 취득하는 과실(果實)에 점유물의 사용이익은 포함되지 않는다. 　(　)

건물의 사용이익도 과실(果實)에 해당한다.

② 악의의 점유자가 과실(果實)을 수취하지 못한 경우, 이에 대한 과실(過失)이 없더라도 그 과실(果實)의 대가를 보상하여야 한다. 　(　)

악의의 점유자가 과실(果實)을 수취하지 못한 경우, 점유자에게 과실(過失)이 있는 경우에 한하여 그 과실(果實)의 대가를 보상하여야 한다.

③ 악의의 점유자는 원칙적으로 필요비 전부의 상환을 청구할 수 없다. 　(　)

선의·악의를 불문하고 비용상환청구권이 인정된다.

④ 악의의 점유자가 점유물의 사용에 따른 이익을 반환하여야 하는 경우, 자신의 노력으로 점유물을 활용하여 얻은 초과이익도 반환하여야 한다. 　(　)

자신의 노력으로 점유물을 활용하여 얻은 초과이익은 반환할 필요가 없다.

⑤ 점유물이 점유자의 책임 있는 사유로 인하여 멸실 또는 훼손된 경우, 선의의 자주점유자는 그 이익이 현존하는 한도에서 배상하여야 한다. 　(　)

선의의 자주점유자는 그 이익이 현존하는 한도에서 배상책임이 있다.

⑥ 점유자가 유익비를 지출한 경우, 가액의 증가가 현존한 때에 한하여 회복자의 선택에 따라 지출금액이나 증가액의 상환을 청구할 수 있다. 　(　)

회복자가 선택한다.

⑦ 점유자가 유익비를 지출한 경우, 실제 지출한 금액 및 현존 증가액에 관한 증명책임은 모두 점유자에게 있다. 　(　)

점유자가 유익비를 지출한 경우, 실제 지출한 금액 및 현존 증가액에 관한 증명책임은 모두 점유자에게 있다.

정답

①X 　②X 　③X 　④X 　⑤O 　⑥O
⑦O

⑧ 선의의 점유자가 본권에 관한 소에서 패소한 경우, 소 제기 후 판결확정 전에 취득한 과실은 반환할 의무가 없다. ( )

선의의 점유자가 본권에 관한 소에서 패소한 경우, 소 제기 시부터 악의의 점유자가 되어 과실취득권이 없다. 따라서 소 제기 후 판결 확정 전에 취득한 과실은 반환해야 한다.

⑨ 법원이 유익비의 상환을 위하여 상당한 상환기간을 허여한 경우에도 유치권은 성립한다. ( )

유치권이 성립하기 위해서는 채권이 변제기가 도래해야 한다. 따라서 상환기간을 허여한 경우에는 변제기가 도래하지 않았기 때문에 유치권은 성립하지 않는다.

⑩ 악의의 수익자는 받은 이익에 이자를 붙여 반환하여야 하며, 그 이자의 이행지체로 인한 지연손해금도 지급하여야 한다. ( )

악의의 점유자는 책임이 무겁다.

⑪ 점유물의 소유자가 변경된 경우, 점유자는 현재의 소유자가 아니라 비용 지출 당시의 전 소유자에게 비용의 상환을 청구해야 한다. ( )

비용상환청구권은 회복 당시의 소유자, 즉 현재 소유자에게 행사해야 한다.

⑫ 악의의 점유자는 수취한 과실을 반환하여야 하며 소비하였거나 과실(過失)로 인하여 훼손 또는 수취하지 못한 경우에는 그 과실의 대가를 보상하여야 한다. ( )

악의의 점유자가 과실(果實)을 소비하였거나 과실(過失)로 인하여 훼손 또는 수취하지 못한 경우에는 그 과실의 대가를 보상하여야 한다.

⑬ 점유자가 점유물을 개량하기 위하여 유익비를 지출한 경우는 점유자가 점유물을 반환할 때에 그 상환을 청구할 수 있으나, 필요비를 지출한 경우에는 즉시 상환을 청구할 수 있다. ( )

필요비와 유익비 모두 회복자에게 점유물을 반환할 때 청구할 수 있다.

⑭ 선의의 점유자가 과실을 취득하였다면 특별필요비는 청구할 수 없다. ( )

선의의 점유자가 과실을 취득한 경우에 통상의 필요비는 청구할 수 없다. 다만, 특별필요비와 유익비는 청구할 수 있다.

정답
⑧ X ⑨ X ⑩ O ⑪ X ⑫ O ⑬ X
⑭ X

필살키 016 부동산의 취득시효

다음은 부동산의 취득시효에 관한 설명이다. 각 보기의 괄호 안에 OX를 표시하시오. (다툼이 있으면 판례에 따름)

해설

① 자기 소유의 부동산에 대해서도 시효취득이 가능하다. ( )

자기 소유 부동산임을 입증하기 곤란한 경우, 자기 소유의 부동산에 대해서도 시효취득을 인정한다.

② 토지의 일부에 대한 시효취득도 인정하고 있다. ( )

토지의 일부에 대한 시효취득도 인정하고 있다. 다만, 소유권을 취득하기 위해서는 분할등기를 해야 한다.

③ 시효취득을 주장하는 자는 원칙적으로 시효의 기산점을 임의로 선택할 수 없다. ( )

기산점은 임의로 선택할 수 없는 것이 원칙이다.

④ 취득시효로 인한 소유권취득의 효과는 점유를 개시한 때에 소급한다. ( )

점유개시 시로 소급한다.

⑤ 시효취득을 주장하는 점유자는 자주점유를 증명할 책임이 있다. ( )

자주점유는 추정되기 때문에 점유자는 자주점유를 증명할 책임이 없다.

⑥ 시효취득자의 점유가 계속되는 동안 이미 발생한 소유권이전등기청구권은 시효로 소멸하지 않는다. ( )

시효완성자가 점유를 계속하고 있는 경우에는 권리를 행사하고 있는 것으로 보아서 소멸시효에 걸리지 않는다.

⑦ 시효취득으로 인한 소유권이전등기청구권이 발생하면 부동산소유자와 시효취득자 사이에 계약상의 채권관계가 성립한 것으로 본다. ( )

부동산소유자와 시효취득자 사이에 계약관계는 없다.

⑧ 시효취득자가 제3자에게 목적물을 처분하여 점유를 상실하면, 그의 소유권이전등기청구권은 즉시 소멸한다. ( )

시효취득자가 제3자에게 목적물을 처분하여 점유를 상실한 경우 그때부터 소멸시효가 진행한다.

정답

① O ② O ③ O ④ O ⑤ X ⑥ O
⑦ X ⑧ X

⑨ 취득시효완성 후 이전등기 전에 제3자 앞으로 소유권이전등기가 경료되면 시효취득자는 등기명의자에게 시효취득을 주장할 수 없음이 원칙이다. (　)

취득시효완성 후 이전등기 전에 제3자 앞으로 소유권이전등기가 경료되면 시효취득자(채권자)는 등기명의자(물권자)에게 시효취득을 주장할 수 없는 것이 원칙이다.

⑩ 소유자가 시효완성자로부터 시효완성을 이유로 소유권이전등기청구를 받은 후 소유권 상실을 염려하여 선의의 제3자에게 부동산을 매도하여 이전등기를 경료해 준 경우, 시효완성 당시의 소유자는 시효완성자에 대하여 불법행위책임을 질 수 있다. (　)

알고 처분한 경우에는 시효완성 당시의 소유자는 시효완성자에 대하여 불법행위책임을 질 수 있다.

⑪ 점유취득시효완성 후 아직 시효완성자 乙 명의로 소유권이전등기가 경료되지 아니한 경우, 소유자 甲은 시효완성자 乙에 대하여 점유로 인한 부당이득반환을 청구할 수 있다.(　)

시효취득은 적법행위로 시효기간 중에 취득한 이득은 정당하다. 따라서 소유자는 시효완성자에게 점유로 인한 부당이득반환을 청구할 수 없다.

⑫ 乙이 등기부취득시효의 완성으로 시효취득한 후에 그 부동산에 관한 乙 명의의 등기가 불법 말소된 경우 乙은 소유권을 상실한다.(　)

불법 말소된 경우에는 물권의 변동에 영향이 없다. 따라서 등기가 불법 말소된 경우 乙은 소유권을 상실하지 않는다.

정답
⑨ O　　⑩ O　　⑪ X　　⑫ X

필살키 017 부동산의 공유

다음은 부동산의 공유에 관한 설명이다. 각 보기의 괄호 안에 OX를 표시하시오. (다툼이 있으면 판례에 따름)

① 공유물분할청구권은 형성권에 해당한다.
(   )

② 분할청구가 있으면 공유자 전원은 분할절차에 참가할 의무가 있고, 공유자 중 일부가 참여하지 않은 공유물의 분할은 무효이다. (   )

③ 공유물분할의 소는 공유자 전원이 당사자로 되어야 하므로, 원고를 제외한 공유자 모두가 피고로 된다.   (   )

④ 공유물분할의 효과는 원칙적으로 소급하지 않는다.   (   )

⑤ 공유자는 다른 공유자가 분할로 인하여 취득한 물건에 대하여 그 지분의 비율로 매도인과 동일한 담보책임이 있다.   (   )

⑥ 공유자 사이의 분할 협의가 성립하면 더 이상 공유물분할의 소는 허용되지 않는다. (   )

⑦ 재판상 분할은 현물분할이 원칙이다. (   )

⑧ 공유자는 법률에 다른 규정이 없으면 5년 내의 기간으로 공유물분할금지약정을 할 수 있고, 갱신한 때에는 그 기간은 갱신일로부터 5년을 넘지 못한다.   (   )

해설

공유물분할청구권은 분할을 청구하면 일방적 의사표시만으로 전원이 분할절차에 참가할 의무가 발생하기 때문에 형성권이다.

공유물의 분할은 그 절차에 공유자 전원이 참가해야 한다. 따라서 공유자 중 일부가 참여하지 않은 공유물의 분할은 무효이다.

공유물분할의 소는 공유자 전원이 당사자로 되어야 하므로, 원고를 제외한 공유자 모두가 피고로 된다.

공유물분할의 효과는 협의분할은 등기 시에, 재판상 분할은 판결 확정 시에 발생한다. 즉, 원칙적으로 소급하지 않는다.

하자가 있다면 공유자도 매도인과 동일한 담보책임이 있다.

공유물분할소송은 분할의 협의가 되지 않는 경우에 한하여 인정된다.

재판상 분할은 현물분할이 원칙이다. 다만, 예외적으로 대금분할이 인정된다.

공유물분할금지약정(5년)이 가능하고 갱신(5년)도 가능하다.

정답

① O   ② O   ③ O   ④ O   ⑤ O   ⑥ O
⑦ O   ⑧ O

⑨ 각 공유자에게 분할의 자유가 인정되지만 금지 특약도 가능하다.　　　　　　（　　）

각 공유자에게 분할의 자유가 인정되지만 금지특약도 가능하다.

⑩ 공유관계가 존속하는 한 공유물분할청구권만이 독립하여 시효로 소멸될 수 없다.　（　　）

공유관계가 존속하는 한 각 공유자에게 공유물분할청구권은 인정되어야 한다. 따라서 공유물분할청구권만이 독립하여 시효로 소멸될 수 없다.

⑪ 공유자 중 1인이 공유물의 전부에 대해서 제3자와 매매계약을 체결한 경우, 그 매매계약은 유효이다.　　　　　　　　　　　（　　）

매매계약 자체는 단지 채권행위에 불과하기 때문에 공유자 중 1인이 공유물의 전부에 대해서 제3자와 매매계약을 체결한 경우, 그 매매계약 자체는 유효이다.

⑫ 공유토지 위에 건물을 신축하기 위해서는 공유자 전원의 동의가 있어야 한다.　（　　）

공유토지 위에 건물을 신축하기 위해서는 공유자 전원의 동의가 있어야 한다.

⑬ 공유부동산이 공유자 중 1인의 단독 소유로 등기된 경우, 다른 공유자는 그 등기의 전부 말소를 청구할 수 있다.　　　（　　）

공유부동산이 공유자 중 1인의 단독 소유로 등기된 경우, 그 지분 범위 내에서 유효등기이다. 따라서 다른 공유자는 그 등기의 전부의 말소를 청구할 수 없고, 자신의 지분비율 범위에서 말소등기를 청구할 수 있다.

⑭ 특별한 사정이 없는 한 공유물의 과반수지분권자가 그 공유물의 특정부분을 배타적으로 사용·수익하기로 정하는 것은 공유물의 관리방법으로서 적법하다.　　　　　　（　　）

공유물의 관리방법은 지분의 과반수로 정한다. 그리고 과반수지분권자가 그 공유물의 전부 또는 특정부분을 배타적으로 사용·수익하기로 정하는 것은 공유물의 관리방법으로서 적법하다.

⑮ 공유자 사이에 다른 특약이 없는 한 그 지분의 비율로 공유물의 관리비용 기타 의무를 부담한다.　　　　　　　　　　（　　）

다른 특약이 없는 한 지분의 비율로 공유물의 관리비용 기타 의무를 부담한다.

⑯ 공유자의 1인이 상속인 없이 사망한 경우, 그 지분은 다른 공유자에게 각 지분의 비율로 귀속된다.　　　　　　　　　　（　　）

공유자의 1인이 사망한 경우 상속인이 있으면 상속인에게 지분이 상속되고, 상속인이 없는 경우에는 그 지분은 다른 공유자에게 각 지분의 비율로 귀속된다.

⑰ 공유물을 손괴한 자에 대하여 공유자 중 1인은 특별한 사유가 없는 한 공유물에 발생한 손해의 전부를 청구할 수 있다.　　　（　　）

손해배상청구권이나 부당이득반환청구권은 자신의 지분비율 범위 내에서 행사할 수 있다.

정답

⑨ O　　⑩ O　　⑪ O　　⑫ O　　⑬ X　　⑭ O
⑮ O　　⑯ O　　⑰ X

⑱ 과반수지분권자가 공유물의 전부 또는 일부를 배타적으로 사용하는 경우에 다른 공유자는 단독으로 공유물 전부의 반환을 청구할 수 있다. (　　)

과반수지분권자가 공유물의 전부 또는 일부를 배타적으로 사용하는 경우에는 <u>적법점유</u>이다. 따라서 다른 공유자는 단독으로 공유물 전부의 반환을 청구할 수 <u>없다</u>. 이 경우 <u>자신의 지분비율 범위</u> 내에서 부당이득반환청구권을 행사할 수 있다.

⑲ 공유물의 소수지분권자가 다른 공유자와 협의 없이 공유물의 전부를 독점적으로 점유·사용하고 있는 경우, 다른 소수지분권자는 보존행위로서 공유물의 인도를 청구할 수 없다. (　　)

공유물의 소수지분권자가 다른 공유자와 협의 없이 공유물의 전부를 독점적으로 점유·사용하고 있는 경우에는 그 점유는 무단점유이다. 다만, 다른 소수지분권자는 보존행위로서 공유물의 인도를 청구할 수 없지만 방해배제를 청구할 수 있다.

⑳ 제3자가 공유물을 불법점유한 경우, 각 공유자는 단독으로 공유물 전부의 반환을 청구할 수 있다. (　　)

제3자가 공유물을 불법점유한 경우, 각 공유자는 보존행위를 근거로 단독으로 공유물 전부의 반환을 청구할 수 있다.

㉑ 제3자가 공유물의 이용을 방해하고 있는 경우 각 공유자는 제3자에 대하여 자신의 지분의 비율에 해당하는 부분에 한하여 부당이득의 반환을 청구할 수 있다. (　　)

손해배상청구권이나 부당이득반환청구권은 자신의 지분비율 범위 내에서 행사할 수 있다.

정답

⑱ X　　⑲ O　　⑳ O　　㉑ O

필살기 018 지상권

다음은 지상권에 관한 설명이다. 각 보기의 괄호 안에 OX를 표시하시오. (다툼이 있으면 판례에 따름)

해설

① 시효로 분묘기지권을 취득한 사람은 토지소유자가 분묘기지에 관한 지료를 청구하면 그 청구한 날부터의 지료를 지급할 의무가 있다. ( )

시효로 분묘기지권을 취득한 사람은 지료지급의무가 있는데, 토지소유자가 지료를 청구한 날부터의 지료를 지급할 의무가 있다.

② 자기 소유 토지에 분묘를 설치한 사람이 그 토지를 양도하면서 분묘를 이장하겠다는 특약을 하지 않음으로써 분묘기지권을 취득한 경우, 특별한 사정이 없는 한 분묘기지권자는 분묘기지권이 성립한 때부터 지료를 지급할 의무가 있다. ( )

양도형 분묘기지권이 성립한 경우에 분묘기지권을 취득한 자는 지료지급의무가 있는데, 분묘기지권이 성립한 때부터 지료를 지급할 의무가 있다.

③ 저당권설정자가 담보가치의 하락을 막기 위해 저당권자에게 지상권을 설정해 준 경우, 피담보채권이 소멸하면 그 지상권도 소멸한다. ( )

채권이 소멸하면 저당권도 소멸하고, 담보지상권도 소멸한다.

④ 지상권자는 지상권이 소멸한 이후에 지상물에 들인 비용 모두를 청구할 수 있다. ( )

지상권자는 필요비는 청구할 수 없고 유익비상환청구권만 행사할 수 있다.

⑤ 지상권자는 토지소유자의 의사에 반하여도 자유롭게 타인에게 지상권을 양도할 수 있다. ( )

지상권 처분의 자유가 절대적으로 보장된다.

⑥ 지상권자가 2년 이상의 지료를 지급하지 아니한 때에는 지상권설정자는 지상권의 소멸을 청구할 수 있으나, 당사자의 약정으로 그 기간을 단축할 수 있다. ( )

지상권자를 위한 강행규정으로 그 기간을 단축할 수 없다.

정답

① ○ ② ○ ③ ○ ④ X ⑤ ○ ⑥ X

⑦ 관습상의 법정지상권에 대하여는 다른 특별한 사정이 없는 한 민법의 지상권에 관한 규정을 준용한다. 따라서 지상권자가 2년분 이상의 지료를 지급하지 않은 경우 지상권소멸을 청구할 수 있다.　　　　　　(　)

관습상의 법정지상권도 지상권에 해당한다. 따라서 민법의 지상권에 관한 규정을 준용하기 때문에 2년분 이상의 지료를 연체하면 지상권소멸을 청구할 수 있다.

⑧ 관습상의 법정지상권을 취득한 자가 대지 소유자와 사이에 대지에 관하여 임대차계약을 체결한 경우, 특별한 사정이 없는 한 관습법상의 법정지상권을 포기한 것으로 된다. (　)

관습법상 법정지상권은 포기할 수 있다. 따라서 토지 사용계약이 있으면 관습법상 법정지상권은 별도로 필요하지 않으므로, 관습법상의 법정지상권을 포기한 것으로 본다.

⑨ 지상권이 존속기간의 만료로 소멸한 경우, 건물 기타 공작물이나 수목이 현존하는 때에는 지상권자는 계약의 갱신을 청구할 수 있다.　　　　　　　　　　(　)

지상권이 존속기간의 만료로 소멸하고 지상물이 현존한 경우, 지상권자는 계약의 갱신을 청구할 수 있다.

⑩ 토지소유자가 지상권자의 지료연체를 이유로 지상권소멸청구를 하여 지상권이 소멸된 경우, 지상권자는 토지소유자를 상대로 현존하는 건물 기타 공작물이나 수목의 매수를 청구할 수 있다.　　　　　　　　　　(　)

지상권자의 채무불이행을 이유로 지상권이 소멸한 경우, 지상권자는 <u>보호가치가 없으므로</u> 지상물매수청구권을 행사할 수 <u>없다</u>.

⑪ 법정지상권에 관한 지료가 결정된 바 없다면, 법정지상권자가 2년 이상의 지료를 지급하지 아니하였더라도 토지소유자는 지료지급 연체를 이유로 지상권의 소멸을 청구할 수 없다.　(　)

지료가 결정되어야 지료를 지급할 수 있다. 따라서 법정지상권에 관한 지료가 결정된 바 없다면 지료를 지급할 수가 없으므로, 지료지급 연체를 이유로 지상권의 소멸을 청구할 수 없다.

⑫ 관습법상의 법정지상권은 이를 취득할 당시의 토지소유자로부터 토지소유권을 취득한 제3자에게 등기 없이 주장될 수 있다.　(　)

관습법상의 법정지상권은 등기 없이도 취득하고, 등기 없이도 물권을 취득했기 때문에 관습법상 법정지상권자는 토지소유권을 취득한 제3자에게 등기 없이 주장할 수 있다.

정답
⑦ O　　⑧ O　　⑨ O　　⑩ X　　⑪ O　　⑫ O

⑬ 미등기건물에 대해서는 건물로서의 요건을 갖추었다 하더라도 관습법상 법정지상권이 인정되지 않는다. ( )

무허가, 미등기건물에 대해서도 관습법상 법정지상권이 <u>인정된다.</u>

⑭ 관습법상 법정지상권에 기한 대지의 점유는 정당한 것이므로 불법점유를 전제로 한 손해배상청구는 성립할 여지가 없다. ( )

관습법상 법정지상권자의 점유는 적법점유이다. 따라서 불법행위에 의한 손해배상청구권은 발생하지 않는다.

⑮ 지상권설정계약에서 지료의 지급에 대한 약정이 없더라도 지상권의 성립에는 영향이 없다. ( )

지료지급은 지상권의 성립요소가 아니다.

⑯ 법정지상권을 양도하기 위해서는 등기하여야 한다. ( )

법정지상권을 취득하기 위해서는 등기를 요하지 않는다. 그러나 양도(법률행위)하기 위해서는 등기하여야 한다.

⑰ 구분지상권은 수목을 소유하기 위해서 설정할 수 없다. ( )

수목 소유 목적의 구분지상권은 성립할 수 없다.

⑱ 구분지상권에서 토지 상하의 범위는 등기할 필요가 없다. ( )

구분지상권은 사용권의 범위를 특정해서 <u>반드시 등기를 해야 한다.</u>

정답
⑬ X   ⑭ O   ⑮ O   ⑯ O   ⑰ O   ⑱ X

합격서 pp.70~71

필살키 019 지역권

다음은 지역권에 관한 설명이다. 각 보기의 괄호 안에 OX를 표시하시오. (다툼이 있으면 판례에 따름)

해설

① 지역권은 요역지와 분리하여 양도할 수 있다.
(　)

지역권(종)은 요역지(주)와 분리하여 양도할 수 없다.

② 지역권은 독립하여 양도, 처분할 수 있는 물권이다.
(　)

지역권(종)은 요역지(주)와 분리하여 양도할 수 없다.

③ 지역권은 다른 약정이 없는 한 승역지의 소유권에 부종하여 이전한다.
(　)

지역권(종)은 다른 약정이 없는 한 요역지(주)의 소유권에 부종하여 이전한다.

④ 요역지의 전세권자는 통행지역권을 시효취득할 수 없다.
(　)

요역지의 소유권자, 지상권자, 전세권자는 통행지역권을 시효취득할 수 있다.

⑤ 승역지는 반드시 1필의 토지이어야 하며, 토지의 일부 위에 지역권을 설정할 수 없다.
(　)

승역지에 지역권이 설정되며 승역지는 1필 토지 전부, 일부 모두 가능하다. 따라서 토지의 일부 위에 지역권을 설정할 수 있다.

⑥ 통행지역권은 지료의 약정을 성립요건으로 한다.
(　)

지료지급은 지역권의 성립요소가 아니다.

⑦ 요역지와 승역지는 반드시 서로 인접해야 한다.
(　)

요역지와 승역지가 반드시 인접할 필요는 없다.

⑧ 다른 특별한 사정이 없다면 통행지역권을 시효취득한 자는 승역지의 소유자가 입은 손해를 보상하지 않아도 된다.
(　)

통행지역권을 시효취득한 자는 승역지의 소유자에게 손해를 보상해야 한다.

정답
① X　② X　③ X　④ X　⑤ X　⑥ X
⑦ X　⑧ X

⑨ 지역권은 계속되고 표현된 것에 한하여 시효취
득할 수 있다.   (   )

지역권은 계속되고 표현된 것에 한하여 시효취득할 수 있다.

⑩ 지역권은 유상·무상을 불문하고 설정될 수
있다.   (   )

지료지급은 지역권의 성립요소가 아니므로 지역권은 유상·
무상을 불문하고 설정될 수 있다.

⑪ 점유로 인한 지역권 취득기간의 중단은 지역권
을 행사하는 모든 공유자에 대한 사유가 아니면
그 효력이 없다.   (   )

취득시효를 중단시키는 행위는 지역권을 행사하는 모든 공
유자에게 행사해야 한다.

⑫ 요역지의 공유자 중 1인이 지역권을 취득하는
때에는 다른 공유자도 이를 취득한다.
                                         (   )

지역권은 취득상의 불가분성(지역권의 취득은 쉽게, 소멸은
어렵게)을 가진다.

⑬ 요역지의 불법점유자는 지역권을 시효취득할
수 없다.   (   )

요역지의 불법점유자는 보호가치가 없으므로 지역권을 시효
취득할 수 없다.

필살키 020 전세권

다음은 전세권에 관한 설명이다. 각 보기의 괄호 안에 OX를 표시하시오. (다툼이 있으면 판례에 따름)

해설

① 전세권은 1필의 토지 중 일부에 대해서도 설정할 수 있다. ( )

전세권은 1필의 토지 전부 또는 일부에 성립할 수 있다.

② 전세권자의 책임 없는 사유로 전세권의 목적물 전부가 멸실된 경우 전세권자는 손해배상책임이 없다. ( )

전세권자에게 귀책사유가 없는 경우에는 손해배상책임이 없다.

③ 타인의 토지에 있는 건물에 전세권을 설정한 경우, 전세권의 효력은 그 건물의 소유를 목적으로 한 지상권에 미친다. ( )

타인의 토지에 있는 건물에 전세권을 설정한 경우, 전세권의 효력은 그 건물의 소유를 목적으로 한 지상권에 미친다. 왜냐하면 경매 시에 경락인에게 지상권이 이전되어 건물 철거를 방지할 수 있기 때문이다.

④ 전세금이 현실적으로 수수되지 않은 경우에도 기존의 채권으로 전세금의 지급에 갈음할 수 있다. ( )

전세금은 현실적으로 수수될 필요가 없기 때문에 기존의 채권으로 전세금의 지급에 갈음할 수 있다.

⑤ 전세권 존속기간 만료의 경우, 합의에 의하여 전세권설정계약을 갱신할 수 있으나 그 기간은 갱신한 날로부터 10년을 넘을 수 없다. ( )

최장기 존속기간의 제한은 10년이다. 따라서 합의를 갱신하는 경우 갱신한 날부터 10년을 넘을 수 없다.

⑥ 건물에 대한 전세권이 법정갱신되는 경우, 그 존속기간은 2년으로 본다. ( )

전세권이 법정갱신되는 경우에 존속기간은 정함이 없는 것으로 본다.

⑦ 전세권설정자는 특약이 없는 한 목적물의 현상을 유지하고 그 통상의 관리에 속한 수선을 해야 한다. ( )

전세권자가 목적물의 현상을 유지하고 그 통상의 관리에 속한 수선을 해야 한다.

정답
①O ②O ③O ④O ⑤O ⑥X ⑦X

⑧ 전세권을 목적으로 저당권을 설정한 자는 저당권자의 동의 없이 전세권설정자와 합의하여 전세권을 소멸시킬 수 있다. （　）

전세권을 목적으로 저당권을 설정한 자는 저당권자의 동의 없이 전세권설정자와 합의하여 전세권을 소멸시킬 수 <u>없다</u>(저당권자를 보호하기 위함).

⑨ 토지전세권의 존속기간을 1년 미만으로 정한 때에는 이를 1년으로 한다. （　）

토지전세권은 <u>최단기간 1년이 보장되지 않는다.</u>

⑩ 전세권자가 통상의 필요비를 지출한 경우, 그 비용의 상환을 청구할 수 있다. （　）

전세권자는 유익비는 청구할 수 있지만 <u>필요비는 청구할 수 없다.</u>

⑪ 전세권자와 인접 토지소유자 사이에는 상린관계에 관한 규정이 적용되지 않는다. （　）

상린관계규정은 지상권과 <u>전세권에 준용</u>된다.

⑫ 농경지를 전세권의 목적으로 할 수 있다. （　）

농경지는 전세권의 목적으로 할 수 <u>없다.</u>

⑬ 건물의 일부에 대하여만 전세권이 설정되어 있는 경우에 그 전세권자는 건물 전부의 경매를 청구할 수 없다. （　）

건물의 일부에 전세권이 설정된 경우 전세권자는 전세 목적물인 건물 일부에 대해서만 경매를 청구할 수 있다. 즉, 전부를 경매할 수는 없다.

⑭ 전세권은 등기부상 기록된 전세권설정등기의 존속기간과 상관없이 등기된 순서에 따라서 순위가 정해진다. （　）

전세권은 물권이므로 등기된 순서에 따라서 순위가 정해진다.

⑮ 목적물의 인도는 전세권의 성립요건이다. （　）

목적물의 인도는 전세권의 성립요건이 <u>아니다.</u>

⑯ 전세권은 전세권설정등기의 말소등기 없이 전세기간의 만료로 당연히 소멸하지만, 전세권에 저당권이 설정된 때에는 그렇지 않다.（　）

전세권은 기간의 만료로 당연히 소멸한다. 또한, 전세권에 저당권이 설정된 경우에도 <u>동일하다.</u>

정답

⑧ X　　⑨ X　　⑩ X　　⑪ X　　⑫ X　　⑬ O
⑭ O　　⑮ X　　⑯ X

필살키 021 유치권

다음은 유치권에 관한 설명이다. 각 보기의 괄호 안에 OX를 표시하시오. (다툼이 있으면 판례에 따름)

① 유치권 배제특약이 있더라도 다른 법정요건이 모두 충족되면 유치권이 성립한다. (　)

② 건축자재 공급업자가 건물 신축공사 수급인과 체결한 자재공급계약에 따라 건축자재를 공급한 경우, 자재 공급업자는 자재대금을 피담보채권으로 하여 건물에 대한 유치권을 행사할 수 있다. (　)

③ 채무자가 자신의 소유물을 직접점유하고 채권자가 이를 통해 간접점유하는 방법으로 유치권이 성립하지 않는다. (　)

④ 유치권자가 점유침탈로 유치물의 점유를 상실한 경우, 유치권은 원칙적으로 소멸한다. (　)

⑤ 건물 신축공사를 도급받은 수급인은 사회 통념상 독립한 건물이 되지 못한 정착물을 토지에 설치한 상태에서 공사가 중단된 경우, 위 정착물에 대하여 유치권을 행사할 수 없다. (　)

⑥ 건물 신축공사를 도급받은 수급인이 사회 통념상 독립한 건물이 되지 못한 정착물을 토지에 설치한 상태에서 공사가 중단된 경우, 토지에 대하여 유치권을 행사할 수 있다. (　)

해설

유치권이 성립하기 위해서는 유치권 배제특약이 없어야 한다. 따라서 유치권 배제특약이 있으면 유치권은 성립하지 않는다.

건축자재 매매대금채권은 건물과 견련성이 인정되지 않기 때문에 채권자는 유치권을 행사할 수 없다.

채무자가 자신의 소유물을 직접점유하고 있다면 채무의 변제가 심리적으로 강제되지 않기 때문에 유치권이 성립할 수 없다.

유치권의 본질은 점유이다. 따라서 점유를 상실하면 유치권은 원칙적으로 소멸한다.

사회 통념상 독립한 건물이 되지 못한 정착물은 토지의 부합물이므로 독립성이 없다. 따라서 물권, 즉 유치권이 성립할 수 없다.

건물 공사를 했으므로 건물의 공사대금채권은 토지와는 견련성이 없다. 따라서 토지에 대하여 유치권을 행사할 수 없다.

정답

① X 　② X 　③ O 　④ O 　⑤ O 　⑥ X

⑦ 유치물이 분할 가능한 경우, 채무자가 피담보채무의 일부를 변제하면 그 범위에서 유치권은 일부 소멸한다. ( )

불가분성에 의해서 채권 전부를 변제하지 않으면 유치권은 소멸하지 않는다.

⑧ 유치권자가 유치물을 점유함으로써 유치권을 행사하고 있는 동안에는 피담보채권의 소멸시효는 진행되지 않는다. ( )

유치권 행사는 단지 목적물을 점유하고 있는 것에 불과하다. 즉, 점유 자체를 채권 행사로 볼 수 없기 때문에 채권의 소멸시효는 별도로 진행한다.

⑨ 유치권자는 특별한 사정이 없는 한 법원에 청구하지 않고 유치물로 직접 변제에 충당할 수 없다. ( )

유치권자가 유치물로 직접 변제에 충당하는, 즉 간이변제충당권은 법원에 청구해야 한다.

⑩ 원칙적으로 유치권은 채권자 자신 소유 물건에 대해서도 성립한다. ( )

유치권은 타물권, 즉 타인 소유 물건에 대해서 성립하는 물권이다. 따라서 채권자 자신 소유 물건에 대해서는 성립할 수 없다.

⑪ 공사대금채권에 기하여 유치권을 행사하는 자가 스스로 보존에 필요한 범위 내에서 유치물인 주택에 거주하며 사용하는 경우에는 소유자는 유치권의 소멸을 청구할 수 없다. ( )

유치권을 행사하는 자가 스스로 보존에 필요한 범위 내에서 유치물인 주택에 거주하며 사용하는 경우에는 의무 위반이 아니므로, 소유자는 유치권의 소멸을 청구할 수 없다.

⑫ 채무자 소유의 건물에 관하여 증·개축 등 공사를 도급받은 수급인이 경매개시결정의 기입등기가 마쳐지기 전에 채무자에게서 건물의 점유를 이전받았지만 경매개시결정의 기입등기가 마쳐져 압류의 효력이 발생한 후에 공사를 완공하여 공사대금채권을 취득한 경우, 유치권은 성립한다. ( )

점유를 먼저 했고 후에 채권을 취득한 경우에도 유치권은 성립한다. 다만, 압류 후에 유치권이 성립했기 때문에 유치권자는 경락인에게 대항할 수 없다.

⑬ 저당권의 실행으로 부동산에 경매개시결정의 기입등기가 이루어지기 전에 유치권을 취득한 사람은 경매절차의 매수인에게 이를 행사할 수 있다. ( )

압류 전에 유치권을 취득한 사람은 경매절차의 매수인에게 유치권을 행사할 수 있다.

정답

⑦ X ⑧ X ⑨ O ⑩ X ⑪ O ⑫ O
⑬ O

⑭ 채권자의 점유가 불법행위로 인한 경우에도
유치권이 성립한다.   (   )

불법점유인 경우에는 유치권은 <u>성립하지 않는다.</u>

⑮ 부동산 근저당권에 기한 압류의 효력이 발생한
후에 취득한 유치권으로 그 근저당권에 기한
경매절차의 매수인에게 대항할 수 없다.
                                      (   )

압류 후에 유치권을 취득한 채권자는 경매절차의 매수인에
게 대항할 수 없다.

⑯ 점유를 침탈당한 유치권자가 점유 회수의 소를
제기하면 유치권을 보유하는 것으로 간주된다.
                                      (   )

점유를 회복하면 유치권은 <u>처음부터 소멸하지 않은 것으로</u>
<u>본다.</u>

⑰ 유치권 배제특약에도 조건을 부가할 수 있다.
                                      (   )

유치권 배제특약에도 조건을 부가할 수 있다.

⑱ 매도인이 중도금만 받고서 매수인에게 부동산
의 소유권을 이전한 경우, 매도인은 잔금채권을
피담보채권으로 하여 매수인에 대하여 유치권
을 행사할 수 없다.   (   )

매도인이 중도금만 받고서 매수인에게 부동산의 소유권을
이전한 경우에는 스스로 동시이행의 항변권을 포기한 것으
로 보호가치가 없다. 따라서 매도인은 잔금채권을 피담보채
권으로 하여 매수인에 대하여 유치권을 행사할 수 없다.

⑲ 목적물에 대한 점유를 취득한 후 그 목적물에
관한 채권이 성립한 경우, 유치권은 인정되지
않는다.   (   )

목적물에 대한 점유를 취득한 후 그 목적물에 관한 채권이
성립한 경우에도 유치권은 <u>인정된다.</u>

⑳ 유치권자는 채권의 변제를 받기 위하여 유치물
을 경매할 수 있지만, 매각대금에서 후순위권리
자보다 우선변제를 받을 수는 없다. (   )

유치권자에게 경매권은 인정되지만, 우선변제권은 인정되지
않는다. 즉, 환가를 위한 경매에 해당한다.

정답
⑭ X   ⑮ O   ⑯ X   ⑰ O   ⑱ O   ⑲ X
⑳ O

필살키 022 [근]저당권

다음은 (근)저당권에 관한 설명이다. 각 보기의 괄호 안에 OX를 표시하시오. (다툼이 있으면 판례에 따름)

① 근저당권에 존속기간이나 결산기의 정함이 없는 경우, 근저당권설정자는 근저당권자에 대한 해지의 의사표시로써 피담보채권을 확정시킬 수 없다. (   )

② 토지를 목적으로 저당권을 설정한 후 그 설정자가 그 토지에 건물을 축조하고 소유한 경우, 저당권자는 토지와 함께 그 건물에 대하여도 경매를 청구할 수 있다. (   )

③ 저당권은 그 담보한 채권과 분리하여 타인에게 양도할 수 있다. (   )

④ 저당권의 효력은 부합된 물건과 종물에도 미친다. 그리고 종된 권리에도 미친다. (   )

⑤ 구분건물의 전유부분에 설정된 저당권의 효력은 특별한 사정이 없는 한 그 전유부분의 소유자가 나중에 취득한 대지권에도 미친다.(   )

⑥ 저당부동산에 대하여 저당권에 기한 압류가 있으면, 압류 이전의 저당권설정자의 저당부동산에 관한 차임채권에도 저당권의 효력이 미친다. (   )

해설

존속기간이나 결산기의 정함이 없는 경우, 근저당권설정자는 언제든지 해지할 수 있고, <u>해지를 통해서 채권은 확정</u>된다.

나대지 상태에서 저당권이 설정되었고 이후에 건물을 신축(저당권설정자 소유)한 경우, 저당권자는 토지와 건물을 일괄해서 경매할 수 있다.

<u>저당권(종)은</u> 그 <u>담보한 채권(주)</u>과 분리하여 타인에게 양도할 수 <u>없다.</u>

저당권의 효력은 부합된 물건과 종물에도 미친다. 그리고 종된 권리에도 미친다.

주와 종은 운명을 함께한다. 따라서 구분건물의 전유부분(주)에 설정된 저당권의 효력은 특별한 사정이 없는 한 그 전유부분의 소유자가 나중에 취득한 대지권(종)에도 미친다.

저당권의 효력은 과실(차임채권)에는 미치지 않는 것이 원칙이지만, 예외적으로 저당부동산이 압류된 이후의 과실에 대해서는 미친다. 다만, 압류 이전의 과실에 대해서는 <u>미치지 않는다.</u>

정답

① X   ② O   ③ X   ④ O   ⑤ O   ⑥ X

⑦ 저당목적물의 변형물에 대하여 이미 제3자가 압류하였더라도 저당권자가 스스로 이를 압류하지 않으면 물상대위권을 행사할 수 없다. ( )

물상대위가 인정되기 위해서는 저당권설정자에게 지급되기 전에 압류를 해야 한다. 다만, 압류는 <u>저당권자가 하든 제3자가 하든</u> 상관없이 물상대위가 인정된다.

⑧ 저당목적물에 갈음하는 금전의 인도청구권에 대하여 저당권자가 압류하기 전에 그 금전이 물상보증인에게 지급되었더라도, 저당권자는 물상보증인에게 부당이득반환을 청구할 수 있다. ( )

압류 전에 지급된 경우에는 물상대위는 인정되지 않는다. 다만, 저당권자는 물상보증인에게 부당이득반환을 청구할 수 있다.

⑨ 저당권자가 물상대위권을 행사하지 않아서 우선변제권을 상실한 이상, 다른 채권자가 그 보상금으로부터 이득을 얻었다고 하더라도 저당권자는 이를 부당이득으로써 반환청구할 수 없다. ( )

물상대위권을 행사하지 않은 저당권자는 우선변제권을 상실한다. 따라서 다른 채권자가 그 보상금으로부터 이득을 얻었다고 하더라도 저당권자는 이를 부당이득으로써 반환청구할 수 없다.

⑩ 저당권설정 당사자 간의 특약으로 저당목적물인 토지에 대하여 법정지상권을 배제하는 약정을 하더라도 그 특약은 효력이 없다. ( )

법정지상권 규정은 강행규정이다. 따라서 배제특약은 무효이다.

⑪ 저당물에 제3자 명의로 원인무효의 소유권이전등기가 있는 경우, 저당권자는 그 등기의 말소를 청구할 수 있다. ( )

저당물에 제3자 명의로 원인무효의 소유권이전등기가 있는 경우에도 <u>저당권은 여전히 존재한다.</u> 즉, <u>저당권의 침해는 없으므로</u> 저당권자는 그 등기의 말소를 청구할 수 없다.

⑫ 저당권자는 설정자로부터 일탈한 저당목적물을 저당권자 자신에게 반환할 것을 청구할 수는 없다. ( )

저당권자에게 저당물반환청구권은 인정되지 않는다.

⑬ 저당물의 소유권을 취득한 제3자도 경매인이 될 수 있다. ( )

저당물의 소유권을 취득한 제3자, 즉 제3취득자도 경매인이 될 수 있다.

정답

⑦ X　⑧ O　⑨ O　⑩ O　⑪ X　⑫ O
⑬ O

⑭ 저당부동산에 대하여 지상권을 취득한 제3자는 저당권자에게 그 부동산으로 담보된 채권을 변제하고 저당권의 소멸을 청구할 수 있다. （　）

저당부동산에 대하여 지상권을 취득한 제3자, 즉 제3취득자는 저당권자에게 그 부동산으로 담보된 채권을 변제하고 저당권의 소멸을 청구할 수 있다.

⑮ 물상보증인이 저당물에 필요비를 지출한 경우, 저당물의 매각대금에서 우선 상환을 받을 수 있다. （　）

물상보증인은 제3취득자가 아니다. 따라서 저당물에 필요비를 지출한 경우, 저당물의 매각대금에서 우선 상환을 받을 수 없다.

⑯ 근저당권이 유효하기 위하여는 근저당권설정행위와는 별도로 근저당권의 피담보채권을 성립시키는 법률행위가 있어야 한다. （　）

근저당권은 채권 때문에 존재한다. 따라서 채권을 성립시키는 법률행위(기본계약)가 있어야 한다.

⑰ 근저당권의 물상보증인은 확정된 채무액이 채권최고액을 초과하더라도 특별한 사정이 없는 한 채권최고액만을 변제하고 근저당권설정등기의 말소청구를 할 수 있다. （　）

제3취득자와 물상보증인은 채무자가 아니므로 채권최고액만을 변제하고 근저당권설정등기의 말소를 청구할 수 있다.

⑱ 후순위근저당권자가 경매를 신청한 경우, 선순위근저당권의 피담보채권은 매수인이 매각대금을 완납한 때에 확정된다. （　）

후순위근저당권자가 경매를 신청한 경우, 후순위근저당권자의 채권은 경매신청 시에 확정되지만, 선순위근저당권자의 채권은 매각대금 완납 시에 확정된다.

합격서 p.87

필살키 023 계약의 종류

다음은 계약에 관한 설명이다. 각 보기의 괄호 안에 OX를 표시하시오. (다툼이 있으면 판례에 따름)

해설

① 민법상 편무계약은 모두 유상계약이다.
（   ）

편무계약은 일반적으로 무상계약이다. 다만, 현상광고계약은 편무계약이지만 유상계약에 해당한다.

② 무상의 소비대차는 편무계약의 일종이다.
（   ）

무상의 소비대차는 편무계약이다.

③ 교환계약에서 금전의 보충지급에 대한 약정이 있는 경우, 그에 대하여 매매의 규정을 준용한다.
（   ）

매매계약은 유상계약의 대표적인 계약이다. 따라서 매매계약의 규정은 다른 유상계약에도 적용, 즉 준용된다. 따라서 교환계약도 유상계약으로 매매의 규정을 준용한다.

④ 매매계약에 관한 규정은 다른 유상계약에도 준용된다.
（   ）

매매계약은 유상계약의 대표적인 계약이다. 따라서 매매계약에 관한 규정은 다른 유상계약에도 준용된다.

⑤ 임대인이 임대목적물에 대한 소유권 등의 처분권한을 갖고 있어야 임대차계약이 유효하게 성립한다.
（   ）

임대하는 것은 처분행위가 아니다. 따라서 임대인이 목적물에 대해서 처분권한이 없어도 임대차계약은 유효이다.

⑥ 증여나 사용대차는 쌍무계약에 속한다.
（   ）

증여나 사용대차는 대표적인 편무계약이다.

⑦ 모든 유상계약은 쌍무계약이다. （   ）

유상계약에는 편무계약(현상광고계약)도 있다.

정답
① X   ② O   ③ O   ④ O   ⑤ X   ⑥ X
⑦ X

⑧ 모든 쌍무계약이 유상계약인 것은 아니다.
( )

쌍무계약은 모두 유상계약에 포함된다. 따라서 <u>모든 쌍무계약은 유상계약</u>이다.

⑨ 무상계약은 모두 편무계약이다. ( )

무상계약은 모두 편무계약에 포함된다.

⑩ 쌍무계약이 갖는 이행상의 견련성으로부터 동시이행의 항변권이, 존속상의 견련성으로부터 위험부담의 문제가 발생한다. ( )

쌍무계약이 갖는 이행상의 견련성으로부터 동시이행의 항변권이, 존속상의 견련성으로부터 위험부담의 문제가 발생한다.

⑪ 계약금계약이나 교환계약은 요물계약이다.
( )

계약금계약은 요물계약이다. 그러나 <u>교환계약은 낙성계약</u>이다.

⑫ 매매예약도 계약이고, 언제나 채권계약이다.
( )

매매예약도 합의를 통해서 성립하기 때문에 계약이고, 장차 본계약을 체결할 이행의 문제를 남기기 때문에 언제나 채권계약이다.

⑬ 증여계약은 원칙적으로 동시이행의 항변권의 문제가 발생하지 않는다. ( )

동시이행의 항변권은 원칙적으로 쌍무계약에서 발생한다. 따라서 편무계약인 증여계약은 원칙적으로 동시이행의 항변권의 문제가 발생하지 않는다.

⑭ 전형계약은 모두 요식계약에 해당한다.
( )

계약자유의 원칙에 의해서 방식의 자유가 인정된다. 따라서 전형계약은 모두 <u>불요식계약</u>이다.

정답

⑧ X ⑨ O ⑩ O ⑪ X ⑫ O ⑬ O
⑭ X

필살카 024 계약의 성립

다음은 계약의 성립에 관한 설명이다. 각 보기의 괄호 안에 OX를 표시하시오. (다툼이 있으면 판례에 따름)

① 청약의 의사표시는 그 효력이 발생한 후에 철회할 수 없다. ( )

② 매도인이 매수인에게 매매계약을 합의해제할 것을 청약하였으나, 매수인이 그 청약에 대하여 조건을 붙이거나 변경을 가하여 승낙하였다면 매도인의 청약은 거절된 것으로 본다. ( )

③ 승낙의 기간을 정하지 아니한 계약의 청약을 한 자가 상당한 기간 내에 승낙의 통지를 받은 때에는 계약이 성립한다. ( )

④ 불특정 다수인을 상대로 한 청약도 효력이 있다. ( )

⑤ 승낙자가 청약에 대하여 조건을 붙이거나 변경을 가하여 승낙한 경우, 청약의 효력은 상실한다. ( )

⑥ 승낙자가 청약에 대해 조건을 붙여 승낙한 때에는 청약을 거절하고 새로 청약한 것으로 본다. ( )

해설

청약의 의사표시는 그 효력이 발생한 후에는 상대방 보호를 위해서 철회할 수 없다. 다만, 도달 전에는 철회할 수 있다.

청약에 대하여 상대방이 조건을 붙이거나 변경을 가하여 승낙하였다면 청약 거절과 동시에 새로 청약한 것으로 본다.

승낙기간을 정하지 아니한 계약의 청약은 상당한 기간까지 효력이 있다. 따라서 상당한 기간 내에 승낙의 통지를 받은 때에 계약이 성립한다.

청약의 상대방은 제한이 없다. 따라서 특정인뿐만이 아니라 불특정 다수인을 상대로 청약할 수 있다.

승낙자가 청약에 대하여 조건을 붙이거나 변경을 가하여 승낙한 경우, 청약은 거절된 것으로 본다. 따라서 청약의 효력은 상실한다.

승낙자가 청약에 대해 조건을 붙여 승낙한 때에는 청약을 거절하고 새로 청약한 것으로 본다.

정답

① O ② O ③ O ④ O ⑤ O ⑥ O

⑦ 청약자의 의사표시나 관습에 의하여 승낙의 통지가 필요하지 않은 경우, 계약은 승낙의 의사표시로 인정되는 사실을 알게 된 때에 성립한다. ( )

청약자의 의사표시나 관습에 의하여 승낙의 통지가 필요하지 않은 경우, 계약은 승낙의 의사표시로 <u>인정되는 사실이 있는 때</u> 성립한다.

⑧ 격지자 간의 계약은 승낙의 의사표시가 승낙기간 내에 청약자에게 도달하면 그 도달 시점에 성립한다. ( )

격지자 간의 계약은 승낙의 의사표시가 승낙기간 내에 청약자에게 도달하면 <u>그 승낙의 통지를 발송한 때</u> 성립한다.

⑨ 청약은 불특정 다수인에 대하여 할 수 있으나, 승낙은 반드시 청약자에 대하여 하여야 한다. ( )

승낙의 상대방은 특정인, 즉 청약자이다.

⑩ 연착된 승낙은 새로운 청약으로 보아 청약자는 이에 대하여 승낙함으로써 계약을 체결할 수 있다. ( )

연착된 승낙은 승낙으로서 효력은 없다. 다만, 새로운 청약으로 보아 청약자는 승낙함으로써 계약을 체결할 수 있다.

⑪ 청약은 계약의 내용을 결정할 수 있을 정도의 사항을 포함시키는 구체적 · 확정적 의사표시여야 한다. ( )

청약은 계약의 내용을 결정할 수 있을 정도의 사항을 포함시키는 구체적 · 확정적 의사표시여야 한다.

⑫ 격지자 간의 계약에서 청약은 통지를 발송한 때에 효력이 발생한다. ( )

격지자 간의 계약에서 청약은 <u>도달주의</u>를 취한다.

⑬ 격지자 간의 계약은 승낙의 통지를 발송한 때에 성립한다. ( )

격지자 간의 계약은 승낙의 통지를 발송한 때에 성립한다.

⑭ 당사자 간에 동일한 내용의 청약이 상호 교차된 경우에는 양 청약이 상대방에게 도달한 때에 계약이 성립한다. ( )

교차청약은 양 청약이 상대방에게 도달한 때에 계약이 성립한다.

정답

⑦ X ⑧ X ⑨ O ⑩ O ⑪ O ⑫ X
⑬ O ⑭ O

⑮ 계약의 청약은 청약자가 그 청약의 의사표시 속에 명시되어야 할 필요는 없지만, 승낙기간은 반드시 정해야 한다. ( )

청약자가 누구인지 명시될 필요는 없다. 또한, 청약을 할 때 승낙기간을 <u>반드시 정해야 하는 것은 아니다.</u>

⑯ 어느 일방이 교섭단계에서 계약이 확실하게 체결되리라는 정당한 기대 내지 신뢰를 부여하여 상대방이 그 신뢰에 따라 행동하였음에도 상당한 이유 없이 계약의 체결을 거부하여 손해를 입혔다면 계약체결상 과실책임이 성립할 수 있다. ( )

계약체결상 과실책임은 계약이 성립했는데 무효인 경우에 나오는 문제이다. 따라서 <u>계약 자체가 성립하지 않는 경우</u>에는 계약체결상 과실책임이 <u>성립할 수 없다.</u>

⑰ 목적이 불능인 계약을 체결할 때에 그 불능을 알 수 있었을 자는 상대방이 그 불능을 알 수 있었더라도 이행이익을 넘지 않은 한도에서 상대방에게 신뢰이익을 배상해야 한다. ( )

계약체결상 과실책임이 성립하기 위해서는 상대방은 불능에 대해서 <u>선의 그리고 무과실</u>이어야 한다.

정답

⑮ X   ⑯ X   ⑰ X

필살기 025 위험부담

甲이 乙에게 자신의 건물을 매도하는 계약을 체결한 후 소유권이전 및 인도 전에 화재가 발생하여 건물이 전소되었다. 각 보기의 괄호 안에 OX를 표시하시오. (다툼이 있으면 판례에 따름)

해설

① 甲의 책임 있는 사유로 화재가 발생한 경우, 甲은 乙에게 채무불이행책임을 부담한다.
( )

채무자의 책임 있는 사유로 불능인 된 경우에는 채무불이행이 발생한다.

② 양 당사자의 책임 없는 사유로 화재가 발생한 경우, 甲은 乙에게 매매대금을 청구할 수 없다.
( )

양 당사자의 책임 없는 사유로 화재가 발생한 경우, 채무자 위험부담으로 채무자 甲은 乙에게 매매대금을 청구할 수 없다.

③ 위 ②의 경우, 甲은 이미 받아둔 계약금을 부당이득으로 乙에게 반환할 필요는 없다.( )

채무자 위험부담에서 채무자는 대금을 받을 권한이 없으므로 채무자 甲은 이미 받아둔 계약금을 부당이득으로 乙에게 반환해야 한다.

④ 乙의 과실로 인하여 화재가 발생한 경우, 乙은 甲에게 매매대금을 지급할 의무가 있다.
( )

채권자 귀책사유로 불능인 경우에는 채권자가 위험을 부담한다. 따라서 채권자 乙은 甲에게 매매대금을 지급할 의무가 있다.

⑤ 乙의 채권자지체 중에 양 당사자의 책임 없는 사유로 화재가 발생한 경우, 乙은 甲에게 매매대금을 지급할 의무가 있다. ( )

채권자지체 중에 양 당사자의 책임 없는 사유로 불능인 경우에는 채권자가 위험을 부담한다. 따라서 채권자 乙은 甲에게 매매대금을 지급할 의무가 있다.

⑥ 만약 화재가 아닌 공용 수용된 경우라면 乙은 甲에게 보상금청구권의 양도를 청구할 수 있다.
( )

채무자 위험부담에서 대상청구권이 인정된다. 따라서 乙은 甲에게 보상금청구권의 양도를 청구할 수 있다.

⑦ 乙은 계약체결상의 과실을 이유로 신뢰이익의 배상을 청구할 수 있다. ( )

계약체결상의 과실책임은 원시적 불능에서 발생한다.

정답

① O   ② O   ③ X   ④ O   ⑤ O   ⑥ O
⑦ X

필살키 026 제3자를 위한 계약

甲은 자기 소유의 주택을 乙에게 매도하면서 자신의 丙에 대한 차용금 채무를 변제하기 위하여 매매대금 3억원을 丙에게 지급하도록 乙과 약정하였고, 그 후 丙은 그 수익의 의사표시를 하였다. 각 보기의 괄호 안에 OX를 표시하시오. (다툼이 있으면 판례에 따름)

① 甲은 丙의 동의가 없는 경우에도 乙의 채무불이행을 이유로 계약을 해제할 수 있다. (   )

② 甲이 乙에게 매매계약에 따른 이행을 하지 않더라도, 乙은 특별한 사정이 없는 한 丙에게 대금지급을 거절할 수 없다.   (   )

③ 甲과 乙 간의 매매계약이 乙의 사기를 이유로 취소된 경우, 丙이 그 사실을 몰랐다면 丙은 선의의 제3자로서 보호받는다.   (   )

④ 甲과 乙의 매매계약이 적법하게 취소된 경우, 丙의 급부청구권은 소멸한다.   (   )

⑤ 乙이 대금 채무이행을 지체하는 경우에, 丙은 乙에 대하여 이행지체로 인한 손해배상청구권을 가지나, 이행지체를 이유로 계약을 해제할 수는 없다.   (   )

⑥ 제3자를 위한 계약이 성립하기 위해서는 甲과 乙 사이의 매매계약이 유효하고 제3자 수익약정이 있으면 충분하므로, 제3자의 수익의 의사표시는 성립요소가 아니다.   (   )

해설

낙약자의 채무불이행이 있으면 요약자는 수익자의 동의 없이도 계약을 해제할 수 있다.

낙약자는 매매계약에서 나오는 <u>동시이행의 항변권으로 수익자에게 대항할 수 있다</u>. 따라서 甲이 乙에게 채무를 이행하지 않으면 乙은 동시이행의 항변권으로 丙에게 대금지급을 거절할 수 있다.

수익자는 보호받는 제3자에 <u>해당하지 않는다</u>.

수익자의 권리는 요약자와 낙약자의 계약을 통해서 발생했기 때문에 요약자와 낙약자의 매매계약이 적법하게 취소된 경우, 수익자의 급부청구권도 소멸한다.

낙약자 乙이 대금 채무이행을 지체하는 경우, 즉 채무불이행이 있으면 해제권과 손해배상청구권이 발생한다. 따라서 수익자 丙은 낙약자 乙에게 손해배상청구권을 행사할 수 있다. 그러나 당사자가 아니므로 계약을 해제할 수는 없다.

제3자의 수익의사표시는 계약의 성립요소가 아니다. 다만, 권리를 취득하기 위한 권리취득요건이다.

정답

① O   ② X   ③ X   ④ O   ⑤ O   ⑥ O

⑦ 甲의 채무불이행으로 乙이 매매계약을 해제한 경우, 乙은 丙을 상대로 이미 지급한 대금의 반환을 청구할 수 있다.　　　　（　）

부당이득반환의무와 원상회복의무는 **당사자가 부담한다**. 따라서 **수익자는 당사자가 아니기 때문에** 낙약자는 수익자를 상대로 이미 지급한 대금의 반환을 청구할 수 <u>없다</u>.

⑧ 만약 甲과 乙의 매매계약이 무효인 경우, 乙이 매매대금을 지급하지 않아도 丙은 乙에게 채무불이행에 따른 손해배상을 청구할 수 없다.　　　　　　　　　　　　（　）

甲과 乙의 매매계약이 무효인 경우, 채무는 발생하지 않는다. 따라서 乙이 매매대금을 지급하지 않아도 丙은 乙에게 채무불이행에 따른 손해배상을 청구할 수 없다.

⑨ 만약 乙이 丙에게 상당한 기간을 정해서 최고하였음에도 불구하고 丙으로부터 그 기간 내에 확답을 받지 못한 때에는 수익의 의사를 표시한 것으로 본다.　　　　　　　（　）

수익자가 아무런 <u>확답을 하지 않았다는 것은 수익을 받을 의사가 없는 것</u>으로 본다.

⑩ 乙이 甲과 매매계약을 체결할 때 착오가 있었던 경우에도 취소권을 행사하기 전에는 丙에 대한 대금지급을 거절할 수 없다.　　　（　）

취소권을 행사하기 전에는 계약은 유효이기 때문에 낙약자 乙은 수익자 丙에게 대금지급을 거절할 수 없다.

⑪ 乙은 甲의 丙에 대한 항변으로 丙에게 대항할 수 없다.　　　　　　　　　　　（　）

낙약자는 요약자와의 계약(기본관계)에서 발생하는 항변권으로 수익자에게 대항할 수 있다. 따라서 乙은 甲의 丙에 대한 항변(대가관계)으로는 丙에게 대항할 수 없다.

⑫ 甲과 丙 사이의 채권관계가 소멸하면 甲과 乙 사이의 계약도 당연히 소멸한다.　　（　）

대가관계(甲과 丙 사이의 관계)는 제3자를 위한 <u>계약의 본질적 구성부분이 아니기 때문에</u> 甲과 丙 사이의 채권관계가 소멸하더라도 甲과 乙 사이의 계약에는 영향이 없다. 즉, <u>소멸하지 않는다.</u>

⑬ 제3자를 위한 계약의 체결 원인이 된 甲과 丙 사이의 법률관계가 취소된 경우, 특별한 사정이 없는 한 乙은 丙에게 대금지급을 거절할 수 있다.　　　　　　　　　　　（　）

甲과 丙 사이의 법률관계가 취소된 경우에도 甲과 乙 사이의 계약은 <u>유효</u>이다. 따라서 乙은 丙에게 <u>대금지급의무가 있으</u>므로 대금지급을 거절할 수 <u>없다</u>.

정답
⑦ X　　⑧ O　　⑨ X　　⑩ O　　⑪ O　　⑫ X
⑬ X

⑭ 甲과 乙이 미리 매매계약에서 丙의 권리를 변경·소멸할 수 있음을 유보한 경우, 이러한 약정은 丙에 대해서도 효력이 있다.   (   )

⑮ 甲과 乙이 丙의 권리를 변경·소멸시킬 수 있음을 미리 유보하였다고 하더라도, 丙이 이미 수익의 의사표시를 한 경우에는 甲과 乙은 합의를 통해서 丙의 권리를 변경·소멸시킬 수는 없다.   (   )

수익자가 권리를 취득한 이후에도 요약자와 낙약자가 수익자의 권리를 변경·소멸시킬 수 있음을 미리 유보한 경우에는 그 약정은 수익자에게도 효력이 있다. 즉, 수익자의 권리를 변경·소멸시킬 수 있다.

수익자의 권리를 변경·소멸시킬 수 있음을 미리 유보한 경우에는 요약자와 낙약자는 합의를 통해서 수익자의 권리를 변경·소멸시킬 수 있다.

정답

⑭ ○   ⑮ X

필살키 027 계약의 해제와 해지

다음은 계약의 해제와 해지에 관한 설명이다. 각 보기의 괄호 안에 OX를 표시하시오. (다툼이 있으면 판례에 따름)

해설

① 계약의 해제로 인한 원상회복의 경우에 반환할 금전에는 그 받은 날로부터 이자를 가산하여야 하는데, 이는 부당이득반환의 성질을 가진다. ( )

계약이 해제된 경우 원상회복의무가 있는데, 받은 것이 금전이면 받은 날부터 이자를 가산해서 반환해야 한다. 왜냐하면 자신이 이자를 가지면 부당이득이기 때문이다.

② 해제로써 대항하지 못하는 제3자에는 해제의 의사표시가 있은 후 말소등기 전에 선의로 목적물에 권리를 취득한 자도 포함된다. 이 경우 제3자가 악의라는 사실의 주장·입증책임은 계약해제를 주장하는 자에게 있다. ( )

해제의 의사표시가 있은 후 말소등기 전에 선의로 목적물에 권리를 취득한 자도 선의이면 보호받는다. 또한, 제3자의 악의는 해제를 주장하는 자가 입증해야 한다.

③ 당사자가 수인인 경우에 적용되는 해제권의 불가분성에 관한 규정(제547조)에 대해 당사자는 특약으로 그 적용을 배제할 수 있다. ( )

해제권의 불가분성에 관한 규정(제547조)은 임의규정이다. 따라서 당사자는 특약으로 그 적용을 배제할 수 있다.

④ 계약에서 위약 시의 해제권을 배제하기로 약정하지 않은 경우, 어느 일방에 대한 약정해제권의 유보는 채무불이행으로 인한 법정해제권의 발생에 영향을 주지 않는다. ( )

약정해제권과 법정해제권은 서로 별개의 제도이다. 따라서 서로 영향을 미치지 않는다.

⑤ 부동산의 소유권이전등기의무자가 그 부동산에 제3자 명의로 가등기를 마쳐주면, 부동산의 처분권한 상실로 소유권이전등기의무가 이행불능이 된다. ( )

매매목적물에 가등기가 경료된 경우에도 매도인의 처분권한이 상실되지는 않는다. 따라서 소유권이전등기의무는 이행불능이 아니다.

정답
① O   ② O   ③ O   ④ O   ⑤ X

⑥ 부동산 매도인이 중도금의 수령을 거절하였을 뿐만 아니라 계약을 이행하지 아니할 의사를 명백히 표시한 경우라도 매수인은 소유권이전등기의무의 이행기일까지 기다려야 매매계약을 해제할 수 있다.　　　(　)

부동산 매도인이 중도금의 수령을 거절하였을 뿐만 아니라 계약을 이행하지 아니할 의사를 명백히 표시한 경우에는 매도인이 <u>이행할 의사가 전혀 없기</u> 때문에 매수인은 즉시 매매계약을 해제할 수 있다.

⑦ 매도인의 소유권이전등기의무가 이행불능임을 이유로 매매계약을 해제함에 있어서 상대방의 잔대금지급의무가 매도인의 소유권이전등기의무와 동시이행관계에 있더라도 그 이행의 제공을 필요로 하지 않는다.　　　(　)

매도인의 소유권이전등기의무가 이행불능인 경우에 매수인은 잔금지급의무를 이행할 필요 없이 매매계약을 즉시 해제할 수 있다.

⑧ 부수적 채무를 불이행한 데에 지나지 아니한 경우에도 매매계약 전부를 해제할 수 있다.　　　　　　　　　　　　(　)

<u>주된 의무를 이행하지 않는 경우</u> 계약을 해제할 수 있다.

⑨ 해제로 인하여 계약이 소급적으로 실효되면 더 이상 계약은 존재하지 않으므로, 해제권자는 별도로 손해배상을 청구할 수 없다. (　)

<u>해제는 손해배상청구에 영향이 없다.</u> 따라서 해제권자는 별도로 손해배상을 청구할 수 <u>있다.</u>

⑩ 계약해제 전 그 계약의 목적물을 가압류한 가압류채권자는 제548조 제1항 단서 소정의 '제3자'에 해당한다.　　　　　　　　　(　)

계약해제 전 그 계약의 목적물을 가압류한 가압류채권자는 해제에서 보호받는 제3자에 해당한다.

⑪ 소유권을 취득하였다가 계약해제로 인하여 소유권을 상실하게 된 임대인으로부터 그 계약이 해제되기 전에 주택을 임차받아 주택의 인도와 주민등록을 마침으로써 대항요건을 갖춘 임차인은 제548조 제1항 단서의 규정에 따라 보호받는 제3자에 해당하지 않는다.　(　)

소유권을 취득하였다가 계약해제로 인하여 소유권을 상실하게 된 임대인으로부터 그 계약이 해제되기 전에 주택을 임차받아 주택의 인도와 주민등록을 마침으로써 대항요건을 갖춘 임차인은 제548조 제1항 단서의 규정에 따라 보호받는 제3자에 <u>해당한다.</u>

정답

⑥ X　　⑦ O　　⑧ X　　⑨ X　　⑩ O　　⑪ X

⑫ 계약의 해제 이전에 해제로 인하여 소멸하는 채권을 양수하여 그 대항요건을 갖춘 자는 법정해제에 의한 원상회복에 대해 보호되는 제3자에 포함된다. （　）

채권은 완전한 권리가 아니므로 채권을 양수한 자는 보호받는 제3자가 아니다.

⑬ 해지로 인해 계약은 소급적으로 효력을 잃는다. （　）

해제는 소급효가 있지만 해지는 소급효가 없고, 장래효가 있다.

⑭ 약정 해제에는 특약이 없는 이상 손해배상청구권이 발생하지 않는다. （　）

약정 해제는 채무불이행이 아니므로 특약이 없는 이상 손해배상청구권이 발생하지 않는다.

정답

⑫ X　⑬ X　⑭ O

필살카 028 매매의 기본 쟁점 및 매도인의 담보책임

다음은 매매계약에 관한 설명이다. 각 보기의 괄호 안에 OX를 표시하시오. (다툼이 있으면 판례에 따름)

① 담보책임의 면책특약이 있는 경우, 매도인은 알면서 고지하지 않은 하자에 대해서도 그 책임을 면한다. ( )

② 매매 목적인 재산권과 대금에 관한 합의가 있더라도 계약비용, 채무이행기, 이행장소에 관한 합의가 없으면 특별한 사정이 없는 한 매매계약이 성립할 수 없다. ( )

③ 수량지정매매에 해당하는 부동산 매매계약에서 실제 면적이 계약 면적에 미달하는 경우, 매수인은 대금감액청구권의 행사와 별도로 부당이득반환청구는 행사할 수 없다. ( )

④ 타인의 권리를 매매한 자가 그 권리를 이전할 수 없게 된 경우, 매도인은 선의의 매수인에 대하여 불능 당시의 시가를 표준으로 신뢰이익을 배상할 의무가 있다. ( )

⑤ 수량을 지정한 매매계약 후에 수량부족이 발생한 경우, 수량부족담보책임을 물을 수 없다. ( )

⑥ 예약의무자는 상당한 기간을 정하여 매매완결 여부의 확답을 최고할 수 있으며, 완결권자로부터 그 기간 내에 확답이 없으면 예약은 그 효력을 상실한다. ( )

해설

담보책임의 면책특약은 유효이다. 다만, 매도인이 알면서도 고지하지 않은 경우에는 담보책임을 면제받지 못한다.

매매는 계약의 주요 내용에 대해서 합의가 있으면 성립한다.

수량지정매매에서 실제 면적이 계약 면적에 미달하는 경우, 매수인은 매도인에게 담보책임으로 대금감액청구권을 행사하면 된다. 별도로 부당이득반환청구권은 행사할 수 없다.

이행불능에서 손해배상액의 산정은 불능 당시의 시가를 기준으로 산정한다. 그리고 신뢰이익의 배상이 아니라 이행이익의 배상이다.

매매계약 당시부터 수량이 부족한 경우에 수량부족담보책임이 발생한다.

예약완결권자가 확답이 없다는 것은 행사할 의사가 없다는 것으로 볼 수 있다. 따라서 그 기간 내에 확답이 없으면 예약은 그 효력을 상실한다.

정답

① X   ② X   ③ O   ④ X   ⑤ O   ⑥ O

⑦ 예약완결권을 가진 자가 예약완결의 의사표시를 하고 상대방의 승낙이 있게 되면 본계약인 매매계약이 성립한다. ( )

예약완결권은 <u>형성권</u>이다. 따라서 상대방의 승낙은 요하지 <u>않는다.</u>

⑧ 매매목적물이 인도되지 않았다면 설령 매수인이 대금을 완납했을지라도 그 이후 목적물의 과실은 특약이 없는 한 매도인에게 귀속된다. ( )

매수인이 대금을 완납했다면 <u>매도인은 이자를 취득</u>하기 때문에 <u>과실은 매수인이 취득</u>한다.

⑨ 대금지급의 기한이 없는 때에는 매수인은 목적물의 인도를 받은 날로부터 대금의 이자를 지급하여야 한다. ( )

매수인이 목적물을 인도받았다면 목적물에서 생기는 과실을 취득한다. 따라서 매도인은 이자를 취득해야 공평하기 때문에 매수인은 목적물의 인도를 받은 날로부터 대금의 이자를 지급하여야 한다.

⑩ 당사자 일방에 대한 의무이행의 기한이 있는 때에는 상대방의 의무이행에 대하여도 동일한 기한이 있는 것으로 추정한다. ( )

특약이 없는 한 동시이행관계에 있다.

⑪ 매매계약에 관한 비용은 특별한 사정이 없는 한 매수인이 부담한다. ( )

계약비용은 <u>당사자 쌍방이 균분</u>하여 부담한다.

⑫ 목적물의 인도와 동시에 대금을 지급할 경우, 특별한 사정이 없는 한 대금은 목적물의 인도장소에서 지급해야 한다. ( )

목적물의 인도와 동시에 대금을 지급할 경우, 특별한 사정이 없는 한 대금은 목적물의 인도장소에서 지급해야 한다.

⑬ 당사자 사이에 약정하는 예약완결권의 행사기간은 10년을 넘을 수 있다. ( )

예약완결권의 행사기간은 약정이 없으면 예약이 성립한 때부터 10년 이내에 행사하면 되고, 행사기간을 약정하는 경우에는 제한 없이 정할 수 있다.

정답

⑦ X ⑧ X ⑨ O ⑩ O ⑪ X ⑫ O
⑬ O

필살기 029 계약금

乙이 甲 소유 아파트를 매수하면서 위약금에 대한 약정 없이 계약금을 甲에게 지급하였다. 각 보기의 괄호 안에 OX를 표시하시오. (다툼이 있으면 판례에 따름)

① 乙이 계약금을 포기하고 적법하게 매매를 해제한 경우, 이로 인해 매도인에게 계약금 이상의 손해가 발생한 때에는 매도인은 매수인에게 손해배상을 청구할 수 있다.　　　(　　)

② 乙의 귀책사유로 계약이 해제되면 계약금은 당연히 甲에게 귀속한다.　　　(　　)

③ 乙이 단순히 이행의 준비만 한 경우, 甲은 계약금의 배액을 상환하고 계약을 해제할 수 없다.　　　(　　)

④ 토지거래허가구역 내 토지에 관한 매매계약을 체결하고 계약금만 지급한 상태에서 거래허가를 받은 경우, 다른 약정이 없는 한 甲은 계약금의 배액을 상환하고 계약을 해제할 수 없다.　　　(　　)

⑤ 乙이 중도금을 자기앞수표로 교부한 경우에는 甲은 계약금의 배액을 상환하고 계약을 해제할 수 없다.　　　(　　)

⑥ 乙이 중도금을 지급한 경우, 甲이 매매계약의 이행에 착수한 바가 없더라도 乙은 계약금을 포기하고 매매계약을 해제할 수 없다.　(　　)

해설

계약금에 기한 해제는 적법행위이다. 따라서 손해배상청구권은 발생하지 않는다.

계약금을 위약금으로 매도인이 몰수하기 위해서는 위약금 특약이 있어야 한다.

계약금에 기한 해제는 이행의 착수 전까지 가능하다. 따라서 착수가 아닌 乙이 단순히 이행의 준비만 한 경우, 甲은 계약금의 배액을 상환하고 계약을 해제할 수 있다.

허가를 받은 것은 이행의 착수가 아니다.

매수인 乙이 중도금을 자기앞수표로 교부한 경우에도 이행의 착수에 해당한다. 따라서 매도인 甲은 계약금의 배액을 상환하고 계약을 해제할 수 없다.

매수인이 중도금을 지급한 경우에는 이행의 착수에 해당한다. 따라서 매도인과 매수인은 계약금에 기한 해제를 할 수 없다.

정답
① X　② X　③ X　④ X　⑤ O　⑥ O

⑦ 甲과 乙 사이에 채무이행기의 약정이 있는 경우, 특별한 사정이 없는 한 이행기 전에 이행에 착수할 수 없다. ( )

특별한 사정이 없는 한 이행기 전에도 이행에 착수할 수 있다.

⑧ 甲이 乙에게 매매계약의 이행을 최고하고 매매 잔대금의 지급을 구하는 소송을 제기하였다면 이는 이행에 착수한 것으로 보아야 한다. ( )

매도인이 매매잔대금의 지급을 구하는 소송을 제기한 것만으로는 이행의 착수로 볼 수 없다.

⑨ 甲과 乙이 해약금규정에 의해서 매매계약을 해제하는 경우, 상대방에 대하여 원상회복은 청구할 수 없으나 채무불이행을 이유로 손해배상은 청구할 수 있다. ( )

계약금에 기한 해제는 적법행위이다. 따라서 손해배상청구권은 발생하지 않는다.

⑩ 甲과 乙이 해약금에 기한 해제를 배제하는 약정을 하더라도 甲과 乙은 계약금에 기한 해제권을 행사할 수 있다. ( )

해약금규정은 임의규정이다. 따라서 甲과 乙이 해약금에 기한 해제를 배제하는 약정을 한 경우, 甲과 乙은 계약금에 기한 해제권을 행사할 수 없다.

⑪ 甲이 해제권을 행사하는 경우, 甲이 계약금의 배액을 乙에게 제공하기 전이라도 해제의 의사표시가 乙에게 도달한 때 해제의 효과가 발생한다. ( )

매도인이 해제하기 위해서는 의사표시만으로는 부족하고 계약금의 배액을 제공해야 한다.

⑫ 위약금특약이 없는 경우에도 계약금은 손해배상액의 예정의 성질을 갖는다. ( )

계약금이 위약금으로 손해배상액의 성질을 가지기 위해서는 위약금특약이 있어야 한다.

⑬ 위약벌특약이 있는 경우, 별도로 손해배상을 청구할 수 있다. ( )

위약벌특약이 있는 경우, 계약금은 위약벌금에 불과하기 때문에 별도로 손해배상을 청구할 수 있다.

⑭ 계약금을 수령한 매도인 甲이 계약금의 배액을 상환하고 계약을 해제하려는 경우, 매수인 乙이 이를 수령하지 않으면 공탁하여야 해제의 효력이 발생한다. ( )

매도인은 계약금 배액을 매수인에게 제공하면 충분하며, 공탁은 요하지 않는다.

정답
⑦ X   ⑧ X   ⑨ X   ⑩ X   ⑪ X   ⑫ X
⑬ O   ⑭ X

필살키 030 지상물매수청구권

甲으로부터 2024.2.13. 기간의 약정 없이 건물의 소유를 목적으로 X토지를 임차한 乙은 그 지상에 건물을 신축하였고, 甲은 2024.8.13. 임대차계약을 해지하였다. 각 보기의 괄호 안에 OX를 표시하시오. (다툼이 있으면 판례에 따름)

① 乙은 건물매수청구권을 행사하고 대금의 지급을 청구할 수 있다. ( )

② 乙의 채무불이행으로 임대차가 해지된 경우에도 乙은 지상물매수청구권을 행사할 수 있다. ( )

③ 甲과 乙 사이의 임대차계약에 乙이 건물을 철거한다는 합의가 있는 때에도 乙은 지상물매수청구권을 행사할 수 있다. ( )

④ 甲과 乙의 합의로 임대차계약을 해지하고 乙이 건물을 철거하기로 약정한 경우에도 乙은 지상물매수청구권을 행사할 수 있다. ( )

⑤ 甲의 해지 통고가 있으면 임대차계약은 乙이 통고를 받은 날로부터 1월이 경과함으로써 소멸한다. ( )

⑥ 지상건물이 甲에게 경제적 가치가 있는지 여부를 묻지 않고 乙은 매수청구권을 행사할 수 있다. ( )

⑦ 乙의 건물매수청구권 행사에 대하여 甲이 승낙의 의사표시를 하여야 甲·乙 사이 시가에 의한 매매 유사의 법률관계가 성립한다. ( )

해설

임대인이 해지 통고를 했기 때문에 임차인은 계약갱신청구권을 행사하지 않고 바로 지상물매수청구권을 행사할 수 있다.

임차인의 채무불이행으로 임대차가 해지된 경우에 임차인은 보호가치가 없으므로, 임차인 乙은 지상물매수청구권을 행사할 수 없다.

지상물매수청구권은 강행규정이다. 따라서 임차인 乙이 건물을 철거한다는 합의가 있는 때에도 임차인 乙은 지상물매수청구권을 행사할 수 있다.

지상물매수청구권은 임대차계약이 존속기간의 만료로 소멸한 경우에 인정된다. 따라서 임대인과 임차인의 합의로 임대차계약이 해지된 경우에는 인정되지 않는다.

부동산 임대차에서 임대인이 해지 통고를 하면 임차인이 통고를 받은 날부터 6월, 임차인이 해지 통고를 한 경우에는 임대인이 통고를 받은 날부터 1월이 경과하면 임대차계약은 소멸한다.

지상물이 경제적 가치가 없는 경우에도 지상물매수청구권은 인정된다.

지상물매수청구권은 형성권이다. 따라서 임대인의 승낙이 없어도 매매계약은 성립한다.

정답
① O ② X ③ O ④ X ⑤ X ⑥ O
⑦ X

⑧ 乙의 지상물매수청구권이 행사되면 甲은 건물 철거를 청구할 수 없다.　　　　（　）

지상물 매매계약이 성립하면 임대인은 건물 철거를 청구할 수 없다.

⑨ 乙의 지상물매수청구권이 행사되면 甲은 기존 지상물의 철거비용을 포함하여 乙이 임차지상의 지상물을 신축하기 위하여 지출한 모든 비용을 보상할 의무를 부담한다.　　　（　）

지상물매수청구권이 행사되면 임대인과 임차인 사이에서는 임차지상의 건물에 대하여 매수청구권 행사 당시의 건물시가를 대금으로 하는 매매계약 체결의 효과만 발생한다.

⑩ 乙 소유 지상물이 임대 토지와 제3자 소유의 토지 위에 걸쳐서 건립된 경우, 임차지상에 있는 건물 부분 중 구분소유의 객체가 될 수 있는 부분에 한하여 매수청구가 허용된다.（　）

지상물이 임대 토지와 제3자 소유의 토지 위에 걸쳐서 건립된 경우, 임차지상에 있는 건물 부분 중 구분소유의 객체가 될 수 있는 부분에 한하여 매수청구가 허용된다.

⑪ 행정관청의 허가를 받지 않은 무허가건물은 지상물매수청구권의 대상이 될 수 없다.（　）

무허가건물에 대해서도 지상물매수청구권이 인정된다.

⑫ 매수청구권의 대상이 되는 지상물은 甲의 동의를 얻어 신축한 것에 한정된다.　　（　）

임대인의 동의는 요건이 아니다.

⑬ 乙이 지상물의 소유권을 타인에게 이전한 경우, 乙은 지상물매수청구권을 행사할 수 없다.
　　　　　　　　　　　　　　　　（　）

임차인 乙이 지상물의 소유권을 타인에게 이전한 경우, 임차인 乙은 더 이상 지상물의 소유자가 아니기 때문에 지상물매수청구권을 행사할 수 없다.

⑭ 대항력을 갖춘 乙의 임차권이 기간만료로 소멸한 후 甲이 X토지를 丙에게 양도한 경우, 乙은 丙을 상대로 지상물매수청구권을 행사할 수 없다.
　　　　　　　　　　　　　　　　（　）

대항력을 갖춘 임차인은 제3자를 상대로 지상물매수청구권을 행사할 수 있다.

⑮ 乙이 건물에 근저당권을 설정한 경우에도 임대차기간이 만료하면 乙은 甲을 상대로 지상물매수청구권을 행사할 수 있다.　　　　（　）

지상건물에 근저당권이 설정된 경우에도 임차인은 지상물매수청구권을 행사할 수 있다.

정답

⑧ O　⑨ X　⑩ O　⑪ X　⑫ X　⑬ O
⑭ X　⑮ O

필살카 031 임차권의 양도와 임차물의 전대

乙은 건물의 소유를 목적으로 甲 소유의 X토지를 임차한 후, 甲의 동의 없이 이를 丙에게 전대하였다. 각 보기의 괄호 안에 OX를 표시하시오. (다툼이 있으면 판례에 따름)

① 특별한 사정이 없는 한, 甲은 무단전대를 이유로 임대차계약을 해지할 수 있다.　　(　)

② 乙과 丙의 전대차계약은 무효이기 때문에 丙은 전차권으로 甲에게 대항할 수 없다.　(　)

③ 乙은 丙에게 X토지를 인도하여 丙이 사용·수익할 수 있도록 할 의무가 있다.　　(　)

④ 乙과 丙의 전대차계약에도 불구하고 甲과 乙의 임대차관계는 소멸하지 않는다.　　(　)

⑤ 임대차계약이 존속하는 동안에는 甲은 丙에게 불법점유를 이유로 한 차임 상당의 손해배상을 청구할 수 없다.　　　　　　　　(　)

⑥ 甲과 乙 사이의 임대차계약이 존속하더라도 甲은 X토지의 불법점유를 이유로 丙에게 차임 상당의 부당이득반환을 청구할 수 있다.　(　)

⑦ 甲은 乙에게 차임을 청구할 수 없다.　(　)

⑧ 만약 건물을 임차한 乙이 甲의 동의 없이 丙에게 전대한 경우라면 전대차가 종료하면 丙은 전차물 사용의 편익을 위하여 乙의 동의를 얻어 부속한 물건의 매수를 甲에게 청구할 수 없다.
　　　　　　　　　　　　　　　(　)

해설

무단전대는 배신행위에 해당하기 때문에 임대인은 임대차계약을 해지할 수 있다.

임대인의 동의가 없는 경우에도 전대차계약 자체는 <u>유효</u>이다. 다만, 전차인은 임대인에게 대항할 수 없다.

전대차계약은 유효이기 때문에 임차인 乙은 전차인 丙에게 X토지를 인도하여 丙이 사용·수익할 수 있도록 할 의무가 있다.

전대차계약만으로 임대차계약이 소멸하지는 않는다.

임대차계약이 존속하는 동안에는 임대인은 임차인으로부터 차임을 받는다. 즉, 손해가 없기 때문에 임대인 甲은 전차인 丙에게 불법점유를 이유로 한 차임 상당의 손해배상을 청구할 수 없다.

임대차계약이 존속하는 동안에는 임대인은 임차인으로부터 차임을 받는다. 즉, <u>손해가 없기</u> 때문에 임대인 甲은 전차인 丙에게 불법점유를 이유로 丙에게 차임 상당의 부당이득반환을 청구할 수 <u>없다</u>.

<u>임대차계약은 여전히 존속하고 있기</u> 때문에 임대인 甲은 임차인 乙에게 차임을 청구할 수 <u>있다</u>.

무단전차인에게 부속물매수청구권은 인정되지 않는다.

정답

① O　② X　③ O　④ O　⑤ O　⑥ X
⑦ X　⑧ O

⑨ 甲과 乙 사이의 합의로 임대차계약이 종료한 경우 丙은 甲에게 전차권을 주장할 수 없다. ( )

적법전대인 경우에는 甲과 乙 사이의 합의로 임대차계약이 종료한 경우 丙은 甲에게 전차권을 주장할 수 있다. 그러나 무단전차인은 주장할 수 없다.

⑩ 甲은 직접 丙에게 차임의 지급을 청구할 수 있다. ( )

적법전대인 경우에는 임대인 甲은 직접 전차인 丙에게 차임의 지급을 청구할 수 있다. 그러나 무단전대인 경우에는 청구할 수 없다.

⑪ 甲은 乙에 대한 임대차계약상의 차임청구권을 상실한다. ( )

임대차계약은 여전히 존속하고 있기 때문에 임대인 甲은 임차인 乙에게 차임을 청구할 수 있다.

⑫ 甲과 乙 사이의 임대차계약은 무단전대를 이유로 甲의 해지의 의사표시가 없더라도 해지의 효력이 발생한다. ( )

해지권 행사는 상대방에 대한 의사표시로 한다.

⑬ 임대차계약이 해지통고로 종료하는 경우, 丙에게 그 사유를 통지하지 않으면 甲은 해지로써 丙에게 대항할 수 없다. ( )

적법전대인 경우에는 임대차계약이 해지통고로 종료하는 경우, 전차인 丙에게 그 사유를 통지하지 않으면 임대인 甲은 해지로써 전차인 丙에게 대항할 수 없다. 그러나 무단전대인 경우에는 대항할 수 있다.

⑭ 甲은 임대차계약을 해지하고 丙에게 소유권에 기한 물권적 청구권을 행사할 수 있다. ( )

무단전차인의 점유는 무단점유이다. 따라서 임대인 甲은 임대차계약을 해지하고 전차인 丙에게 소유권에 기한 물권적 청구권을 행사할 수 있다.

⑮ 甲은 丙에게 X토지의 반환을 청구할 수 없다. ( )

전차인의 점유는 무단점유이다. 따라서 임대인 甲은 전차인 丙에게 X토지의 반환을 청구할 수 있다.

⑯ 임대차 및 전대차기간 만료 시에 丙이 신축한 건물이 X토지에 현존하고 甲이 임대차계약의 갱신을 거절한 경우, 丙은 甲에게 건물매수를 청구할 수 있다. ( )

무단전차인에게 지상물매수청구권은 인정되지 않는다.

정답
⑨ O ⑩ X ⑪ X ⑫ X ⑬ X ⑭ O
⑮ X ⑯ X

필살키 032 소급효

다음 중 소급효가 인정되는 것에 O, 인정되지 않는 것에 X를 표시하시오. (다툼이 있으면 판례에 따름)

해설

① 무권대리인이 체결한 계약에 대한 본인의 추인의 효과　　(　)

무권대리인이 체결한 계약에 대한 본인의 추인의 효과는 대리행위 시로 소급한다.

② 토지거래허가구역 내 토지거래계약에 대한 허가의 효과　　(　)

토지거래허가구역 내 토지거래계약에 대한 허가의 효과는 매매계약 시로 소급한다.

③ 취소권 행사의 효과　　(　)

취소권 행사의 효과는 법률행위 시로 소급한다.

④ 무효행위의 추인의 효과　　(　)

무효행위의 추인의 효과는 <u>추인한 때부터 새로운 법률행위로 본다</u>(소급 X).

⑤ 조건성취의 효과　　(　)

조건성취의 효과는 <u>원칙적으로 소급하지 않는다</u>(성취한 때부터 효력이 발생). 다만, 특약으로 소급한다.

⑥ 기한부 법률행위에서 기한도래의 효과　　(　)

기한부 법률행위에서 기한도래의 효과는 <u>언제나 소급하지 않는다</u>(도래한 때부터 효력이 발생).

⑦ 가등기에 기한 본등기 경료 시 본등기의 순위　　(　)

가등기에 기한 본등기 경료 시 본등기의 순위는 가등기 시로 소급한다.

⑧ 가등기에 기한 본등기 경료 시 물권변동의 시기　　(　)

가등기에 기한 본등기 경료 시 물권변동의 시기는 <u>본등기 시 발생한다</u>(소급 X).

⑨ 취득시효완성의 효과　　(　)

취득시효완성의 효과는 점유개시 시로 소급한다.

⑩ 해제의 효과　　(　)

해제의 효과는 계약이 처음부터 소멸한다(소급 O).

⑪ 해지의 효과　　(　)

해지의 효과는 계약이 <u>장래를 향해서 소멸한다</u>(소급 X).

정답

① O　② O　③ O　④ X　⑤ X　⑥ X

⑦ O　⑧ X　⑨ O　⑩ O　⑪ X

⑫ 주택임대차에서 주민등록 말소 후 이의절차를 거쳐서 재등록한 경우, 대항력의 취득시기 (　　)

주택임대차에서 주민등록 말소 후 이의절차를 거쳐서 재등록한 경우, 기존의 대항력이 그대로 유지된다(소급 O).

⑬ 제한능력을 이유로 한 매매계약의 취소 (　　)

제한능력을 이유로 한 매매계약을 취소하면 처음부터 무효가 된다(소급 O).

⑭ 기망에 의한 근로계약의 취소 (　　)

기망에 의한 근로계약의 취소는 <u>소급적용되지 않는다</u>.

⑮ 민법상 임대차에서 대항력의 취득시기 (　　)

민법상 임대차에서 대항력의 취득시기는 <u>등기한 때부터 효력이 발생한다</u>(소급 X).

⑯ 「부동산 실권리자명의 등기에 관한 법률」에서 명의신탁 이후에 신탁자와 수탁자가 혼인한 경우 명의신탁의 효력 (　　)

「부동산 실권리자명의 등기에 관한 법률」에서 명의신탁 이후에 신탁자와 수탁자가 혼인한 경우의 명의신탁은 <u>혼인한 때부터 유효하다</u>(소급 X).

⑰ 무권리자의 처분이 계약으로 이루어진 경우 권리자의 추인 (　　)

무권리자의 처분이 계약으로 이루어진 경우 권리자의 추인은 무권대리추인과 동일하게 소급한다.

정답

⑫ O　　⑬ O　　⑭ X　　⑮ X　　⑯ X　　⑰ O

합격서 pp.116~121

필살기 033 「주택임대차보호법」

다음은 주택임대차에 관한 설명이다. 각 보기의 괄호 안에 OX를 표시하시오. (다툼이 있으면 판례에 따름)

해설

① 법인이 주택을 임차한 경우에도 원칙적으로 「주택임대차보호법」이 적용될 수 있다. ( )

법인에 대해서는 원칙적으로 「주택임대차보호법」이 적용되지 않는다. 다만, 예외적으로 한국토지주택공사, 지방공사, 중소기업에 대해서 적용된다.

② 주택의 전부를 일시적으로 사용하기 위한 임대차인 것이 명백한 경우에도 「주택임대차보호법」이 적용된다. ( )

일시 사용을 위한 임대차가 명백한 경우에는 「주택임대차보호법」이 적용되지 않는다.

③ 임대인이 임대차기간이 끝나기 6개월 전부터 1개월 전까지의 기간에 임차인에게 갱신거절(更新拒絶)의 통지를 하지 아니한 경우에는 그 기간이 끝난 때에 전 임대차와 동일한 조건으로 다시 임대차한 것으로 본다. ( )

임대차기간이 끝나기 6개월 전부터 2개월 전까지의 기간이다.

④ 임차인이 2기의 차임액에 달하도록 차임을 연체한 경우에는 법정갱신이 부정된다. ( )

임차인이 2기의 차임액에 달하도록 차임을 연체한 경우에는 법정갱신이 부정된다.

⑤ 주택임대차가 묵시적 갱신이 된 경우, 임차인은 언제든지 해지를 통지할 수 있고 임대인이 그 통지를 받은 날부터 3월이 경과하면 그 효력이 생긴다. ( )

주택임대차가 묵시적 갱신이 된 경우, 2년으로 본다. 다만, 임차인은 언제든지 해지를 통지할 수 있고, 임대인이 그 통지를 받은 날부터 3월이 경과하면 그 효력이 생긴다.

⑥ 임대차가 종료한 경우에도 임차인이 보증금의 반환을 받을 때까지는 임대차관계가 존속하는 것으로 본다. ( )

임대차가 종료한 경우에도 임차인의 주거생활 안정을 위해서 임차인이 보증금의 반환을 받을 때까지는 임대차관계가 존속하는 것으로 본다.

정답

① X ② X ③ X ④ O ⑤ O ⑥ O

⑦ 임차권보다 선순위의 저당권이 존재하는 주택이 경매로 매각된 경우, 경매의 매수인은 임대인의 지위를 승계한다.　　　　( )

임차인보다 선순위저당권자가 존재하는 경우, 경매 시에 <u>임차인은 경락인에게 대항할 수 없다.</u> 따라서 경락인은 임대인의 지위를 <u>승계하지 않는다.</u>

⑧ 주택임차인의 우선변제권은 대지의 환가대금에도 미친다.　　　　( )

「주택임대차보호법」은 주택뿐만이 아니라 대지에도 적용된다.

⑨ 소액임차인(서울특별시 : 1억 6천5백만원 이하)이 보증금 중 일정액(5천5백만원)을 선순위담보권자보다 우선배당을 받기 위해서는 경매신청등기 전까지 대항요건과 확정일자를 갖추어야 한다.　　　　( )

소액임차인에게 최우선변제권이 인정되기 위해서는 경매신청등기 전까지 대항요건을 갖추어야 한다. <u>확정일자는 요건이 아니다.</u>

⑩ 차임 증액 시 5%의 제한을 초과한 경우, 임차인은 임대인에게 초과부분에 대해서 부당이득반환을 청구할 수 있다.　　　　( )

차임 증액 시 5%의 제한이 있다. 따라서 5%의 제한을 초과한 경우, 임차인은 임대인에게 초과부분에 대해서 부당이득반환을 청구할 수 있다.

⑪ 임차인이 사망한 경우에 사망 당시 상속권자가 그 주택에서 가정공동생활을 하고 있지 아니한 때에는 그 주택에서 가정 공동생활을 하던 사실상의 혼인관계에 있는 자와 4촌 이내의 친족은 공동으로 임차인의 권리와 의무를 승계한다.　　　　( )

주택에서 가정 공동생활을 하던 사실상의 혼인관계에 있는 자와 <u>2촌 이내의 친족</u>이 공동으로 임차인의 권리와 의무를 승계한다.

⑫ 임차인이 보증금반환청구소송의 확정판결에 기하여 임차주택의 경매를 신청하는 경우, 그 집행개시를 위해서는 반대의무의 이행제공을 하여야 한다.　　　　( )

반대의무의 이행제공은 <u>집행개시요건이 아니다.</u>

필살키 034 「상가건물 임대차보호법」

다음은 상가건물 임대차에 관한 설명이다. 각 보기의 괄호 안에 OX를 표시하시오. (다툼이 있으면 판례에 따름)

해설

① 임대차기간을 1년 미만으로 정한 특약이 있는 경우, 임대인은 그 기간의 유효함을 주장할 수 있다. ( )

임대차기간을 1년 미만으로 정한 특약이 있는 경우, 임차인은 그 기간의 유효함을 주장할 수 있다.

② 환산보증금액이 일정액을 초과하는 경우에도 임차인이 건물인도와 사업자등록신청을 한 경우에는 대항력을 취득한다. ( )

환산보증금액이 일정액을 초과하는 경우에도 대항력규정은 적용된다.

③ 임차인의 계약갱신요구권은 최초의 임대차기간을 포함한 전체 임대차기간이 10년을 초과하지 않는 범위 내에서만 행사할 수 있다. ( )

임차인의 계약갱신요구권은 10년의 제한을 받는다.

④ 차임 또는 보증금의 증액청구는 청구 당시의 차임 또는 보증금의 100분의 5의 금액을 초과하지 못한다. ( )

차임 또는 보증금의 증액 시 5%의 제한을 받는다.

⑤ 임차인이 3기의 차임액에 달하도록 차임을 연체한 경우, 임대인은 임대차계약을 해지할 수 있다. ( )

임차인이 3기의 차임 연체 시 임대인은 임대차계약을 해지할 수 있다.

⑥ 임대인이 임대차기간 만료 전 6월부터 1월까지 사이에 임차인에 대하여 갱신거절의 통지 또는 조건의 변경에 대한 통지를 하지 아니한 경우에는 그 기간이 만료된 때에 전 임대차와 동일한 조건으로 다시 임대차한 것으로 본다. 다만, 존속기간은 1년으로 본다. ( )

「상가건물 임대차보호법」 제10조 법정갱신에 관한 설명이다.

정답

① X   ② O   ③ O   ④ O   ⑤ O   ⑥ O

⑦ 묵시의 갱신이 된 경우에는 임차인은 언제든지 임대인에 대하여 계약 해지의 통고를 할 수 있고, 임대인이 그 통고를 받은 날부터 3월이 경과하면 그 효력이 발생한다. ( )

묵시의 갱신이 된 경우 존속기간은 1년으로 본다. 임차인은 언제든지 해지의 통고를 할 수 있고, 임대인이 그 통고를 받은 날부터 3월이 경과하면 그 효력이 발생한다. 즉, 해지된다.

⑧ 「상가건물 임대차보호법」 제14조상의 소액임차인은 보증금 중 일정액을 다른 담보물권자보다 우선하여 변제받을 권리가 있으나, 이 경우 임차인의 보증금 중 일정액이 임대건물가액의 2분의 1을 초과하는 경우에는 임대건물가액의 2분의 1에 해당하는 금액에 한하여 우선변제권이 있다. ( )

소액임차인의 최우선변제권은 임대건물가액의 2분의 1 제한을 받는다.

⑨ 임대인은 임대차기간이 끝나기 6개월 전부터 임대차 종료 시까지 임차인이 신규임차인으로부터 권리금을 지급받는 것을 방해해서는 아니 된다. ( )

임대차기간이 끝나기 6개월 전부터 임대차 종료 시까지 임대인이 임차인의 권리금 회수를 방해하는 것은 금지된다.

⑩ 임대인이 권리금 회수기회 보호규정을 위반하여 임차인에게 손해를 발생하게 한 때에는 그 손해를 배상할 책임이 있다. 이 경우 그 손해배상액은 신규임차인이 임차인에게 지급하기로 한 권리금과 임대차 종료 당시의 권리금 중 낮은 금액을 넘지 못한다. ( )

손해배상액은 신규임차인이 임차인에게 지급하기로 한 권리금과 임대차 종료 당시의 권리금 중 낮은 금액을 넘지 못한다.

⑪ 권리금 회수의 방해로 인한 임차인의 임대인에 대한 손해배상청구권은 그 방해가 있는 날부터 3년 이내에 행성하지 않으면 시효의 완성으로 소멸한다. ( )

임대차가 종료한 날부터 3년 이내에 행사하지 않으면 시효의 완성으로 소멸한다.

정답
⑦ O   ⑧ O   ⑨ O   ⑩ O   ⑪ X

필살카 035 「상가건물 임대차보호법」의 적용범위

甲은 2024.8.5. 서울특별시 소재의 상가건물을 보증금 5억원, 월차임 500만원에 乙에게 임대하였다. 임차인 乙에게 적용되는 규정에 O, 적용되지 않는 규정에 X를 표시하시오.

해설

① 대항력규정 ( )

환산보증금이 10억원이므로, 「상가건물 임대차보호법」이 적용되지 않는다. 다만, 보증금액을 초과하는 임대차에도 대항력규정은 적용된다.

② 우선변제권규정 ( )

환산보증금 기준(서울특별시 9억원)을 초과하여 우선변제권규정이 적용되지 않는다.

③ 계약갱신요구권규정 ( )

보증금액을 초과하는 임대차에도 계약갱신요구권규정은 적용된다.

④ 권리금 회수기회 보호규정 ( )

보증금액을 초과하는 임대차에도 권리금 회수기회 보호규정은 적용된다.

⑤ 임차인 차임을 3기에 달하도록 연체한 경우, 임대인의 계약의 해지권규정 ( )

보증금액을 초과하는 임대차에도 3기의 차임연체와 해지에 관한 규정은 적용된다.

⑥ 표준계약서규정 ( )

보증금액을 초과하는 임대차에도 표준계약서 작성에 관한 규정은 적용된다.

⑦ 경제사정변동에 의한 보증금 차임증감청구권규정 ( )

보증금액을 초과하는 임대차에도 차임 등의 증감청구권규정은 적용된다.

⑧ 임차권등기명령규정 ( )

환산보증금 기준(서울특별시 9억원)을 초과하여 임차권등기명령규정이 적용되지 않는다.

⑨ 임차인은 「감염병의 예방 및 관리에 관한 법률」 제49조 제1항 제2호에 따른 집합 제한 또는 금지 조치(같은 항 제2호의2에 따라 운영시간을 제한한 조치를 포함)를 총 3개월 이상 받음으로써 발생한 경제사정의 중대한 변동으로 폐업한 경우, 임대차계약을 해지할 수 있다는 규정 ( )

보증금액을 초과하는 임대차에도 감염병 관련 폐업으로 인한 임차인의 해지권규정은 적용된다.

정답

① O ② X ③ O ④ O ⑤ O ⑥ O
⑦ O ⑧ X ⑨ O

필살키 036 「집합건물의 소유 및 관리에 관한 법률」

다음은 「집합건물의 소유 및 관리에 관한 법률」에 관한 설명이다. 각 보기의 괄호 안에 OX를 표시하시오. (다툼이 있으면 판례에 따름)

해설

① 건물의 노후화 억제 또는 기능 향상 등을 위한 것으로 구분소유권 및 대지사용권의 범위나 내용에 변동을 일으키는 공용부분의 변경에 관한 사항은 관리단집회에서 구분소유자의 3분의 2 이상 및 의결권의 3분의 2 이상의 결의로써 결정한다.　　　　　　(　)

권리변동을 가져오는 공용부분의 변경에 관한 사항은 구분소유자의 <u>5분의 4</u> 이상 및 의결권의 <u>5분의 4</u> 이상의 결의로써 결정한다.

② 분양 전환된 임대아파트의 경우에도 하자담보책임기간은 최초 임차인들에게 인도된 때부터 10년간이라고 보아야 한다.　(　)

분양 전환된 임대아파트의 경우 하자담보책임기간은 최초 임차인들에게 인도된 때부터 10년이다.

③ 공유자는 그가 가지는 전유부분과 분리하여 공용부분에 대한 지분을 처분할 수 없다.
　　　　　　　　　　　　(　)

전유부분(주)과 분리하여 공용부분(종)에 대한 지분을 처분할 수 없다.

④ 건물에 대하여 구분소유관계가 성립되면 구분소유자는 전원으로써 건물 및 그 대지와 부속시설의 관리에 관한 사업의 시행을 목적으로 하는 관리단을 구성할 수 있다.　(　)

관리단을 <u>구성해야 한다</u>.

⑤ 공용부분의 변경에 관한 사항은 구분소유자 및 의결권의 각 4분의 3 이상의 다수에 의한 집회결의로써 결정한다.　　(　)

공용부분의 변경에 관한 사항은 구분소유자 및 의결권의 각 <u>3분의 2</u> 이상의 다수에 의한 집회결의로써 결정한다.

⑥ 규약의 설정 · 변경 및 폐지는 관리단집회에서 구분소유자 및 의결권의 각 3분의 2 이상의 찬성을 얻어 행한다.　　(　)

규약의 설정 · 변경 및 폐지는 관리단집회에서 구분소유자 및 의결권의 각 <u>4분의 3</u> 이상의 찬성을 얻어 행한다.

정답

① X　　② O　　③ O　　④ X　　⑤ X　　⑥ X

⑦ 관리단집회에서 적법하게 결의된 사항은 그 결의에 반대한 구분소유자에 대하여도 효력을 미친다. (　　)

관리단집회에서 적법하게 결의된 사항은 그 결의에 반대한 구분소유자에 대하여도 효력을 미친다.

⑧ 관리단집회는 구분소유자 전원의 동의가 있는 때에는 소집절차를 거치지 아니하고 소집할 수 있다. (　　)

구분소유자 전원의 동의가 있으면 소집절차를 생략할 수 있다.

⑨ 구분소유자 전원의 동의로 소집된 관리단집회는 소집절차에서 통지되지 않은 사항에 대해서도 결의할 수 있다. (　　)

구분소유자 전원의 동의가 있으면 통지되지 않은 사항에 대해서도 결의할 수 있다.

⑩ 관리단집회에서의 의결권은 대리인에 의하여는 행사할 수 없다. (　　)

관리단집회에서의 의결권은 <u>서면, 전자적 방법, 대리인</u>을 통해서 행사할 수 있다.

⑪ 전유부분이 양도된 경우 하자담보책임을 물을 수 있는 자는 특별한 약정이 없는 한 현재의 소유자가 아니라 최초의 수분양자이다. (　　)

전유부분이 양도된 경우 하자담보책임을 물을 수 있는 자는 특별한 약정이 없는 한 <u>현재의 소유자</u>이다.

⑫ 구분소유자가 5인 이상일 때에는 관리단을 대표하고 관리단의 사무를 집행할 관리인을 선임하여야 한다. (　　)

구분소유자가 <u>10인</u> 이상일 때에는 관리인을 선임하여야 한다.

⑬ 관리인은 관리단집회의 결의로 선임되거나 해임되므로, 관리위원회의 결의로 선임되거나 해임될 수는 없다. (　　)

관리인은 관리위원회의 결의로 선임되거나 해임될 수 <u>있다</u>.

⑭ 임차인도 관리인이 될 수 있다. (　　)

관리인은 구분소유자임을 요하지 않는다. 따라서 임차인도 관리인이 될 수 있다.

정답
⑦ O 　 ⑧ O 　 ⑨ O 　 ⑩ X 　 ⑪ X 　 ⑫ X
⑬ X 　 ⑭ O

⑮ 전(前) 구분소유자의 특별승계인은 체납된 공용
부분 관리비는 물론 그에 대한 연체료도 승계
한다. ( )

전(前) 구분소유자의 특별승계인은 체납된 공용부분 관리비
만 승계한다. 연체료는 <u>승계하지 않는다.</u>

⑯ 재건축비용의 분담에 관한 사항을 정하지 아니한
재건축결의는 특별한 사정이 없는 한 무효이다.
( )

재건축비용의 분담에 관한 사항은 재건축결의에서 가장 중
요한 사항이므로, 이를 정하지 아니한 재건축결의는 특별한
사정이 없는 한 무효이다.

⑰ 관리단에는 규약으로 정하는 바에 따라 관리위
원회를 둘 수 있다. ( )

관리위원회는 필수기관이 아니므로 둘 수 있다.

⑱ 규약에 다른 정함이 없으면 관리위원회의 위원
은 구분소유자 중에서 관리단집회의 결의에 의
하여 선출한다. ( )

관리위원회의 위원은 구분소유자임을 요한다.

정답
⑮ X   ⑯ O   ⑰ O   ⑱ O

필살키 037 「가등기담보 등에 관한 법률」

다음은 「가등기담보 등에 관한 법률」에 관한 설명이다. 각 보기의 괄호 안에 OX를 표시하시오. (다툼이 있으면 판례에 따름)

① 청산절차에 관한 규정은 임의규정에 해당한다. ( )

② 채권자가 나름대로 평가한 청산금액이 객관적인 청산금평가액에 미달하더라도 담보권실행통지로서 효력이 있다. ( )

③ 채무자는 채권자가 통지한 청산금액을 다투고 정당하게 평가된 청산금을 지급받을 때까지 부동산의 소유권이전등기 및 인도 채무의 이행을 거절할 수 있다. ( )

④ 공사대금채권을 담보할 목적으로 가등기가 경료된 경우에는 위법이 적용되지 않는다. ( )

⑤ 가등기담보권자는 일정한 요건 아래 소유권 취득 또는 경매청구를 할 수 있다. ( )

⑥ 동법 소정의 청산절차를 거치지 아니하고 가등기담보권자가 경료한 소유권이전등기는 원칙적으로 무효이다. ( )

⑦ 채권자가 담보권실행을 통지하고 2개월의 청산기간이 지난 경우에는 청산금의 지급이 없더라도 채무자는 대여금을 변제하고 가등기말소를 청구할 수는 없다. ( )

해설

청산절차에 관한 규정은 <u>강행규정</u>이다.

채권자가 평가한 청산금액이 객관적인 청산금평가액에 미달하더라도 담보권실행통지로서 효력이 있다.

채무자는 청산금을 다툴 수 있다.

「가등기담보 등에 관한 법률」은 차용금 채무를 담보하는 경우에 적용된다. 따라서 공사대금채권을 담보할 목적으로 가등기가 경료된 경우에는 적용되지 않는다.

가등기담보권자의 담보권실행방법은 귀속청산과 경매 중 하나를 선택할 수 있다.

청산절차를 거치지 않고 본등기를 한 경우에는 강행규정 위반으로 무효이다.

채무자는 <u>청산금을 받을 때까지</u> 변제하고 가등기의 말소를 청구할 수 <u>있다</u>.

정답
① X ② O ③ O ④ O ⑤ O ⑥ O
⑦ X

⑧ 채권자는 통지된 청산금액에 대해서 다툴 수 없다. ( )

채권자는 통지된 청산금액에 대해서 다툴 수 없다.

⑨ 가등기담보권의 실행으로 청산절차가 종료된 후 담보목적물에 대한 과실수취권 등을 포함한 사용·수익권은 채무자에게 귀속된다.( )

과실수취권은 채무자에게 있다. 다만, 청산절차가 종료된 후에는 과실수취권 등을 포함한 사용·수익권은 채권자에게 귀속된다.

⑩ 담보목적물에 대한 사용·수익권은 채무자에게 지급되어야 할 청산금이 있더라도 그 지급 없이 청산기간이 지나면 채권자에게 귀속된다. ( )

청산절차가 종료해야 채권자가 사용·수익권을 가진다. 따라서 청산금을 지급하지 않았다면 여전히 채무자가 사용·수익권을 가진다.

⑪ 가등기담보 부동산에 대한 예약 당시의 시가가 그 피담보채무액에 미치지 못하는 경우에 있어서는 같은 법 제3조, 제4조가 정하는 청산금평가액의 통지 및 청산금지급 등의 절차를 이행할 여지가 없다. ( )

대물변제 예약 당시의 시가가 그 피담보채무액에 미치지 못하는 경우에는 폭리행위에 해당하지 않기 때문에 「가등기담보 등에 관한 법률」 자체가 적용되지 않는다. 따라서 채권자는 청산절차를 이행할 필요가 없다.

⑫ 채권자의 청산금평가액 자체에 이의가 있는 후순위권리자는 청산기간 내에 자기 채권의 변제기가 도래한 경우에 한하여 독자적으로 경매를 청구할 수 있다. ( )

변제기가 도래하기 전이라도 경매를 청구할 수 있다.

⑬ 담보가등기를 마친 부동산에 대하여 강제경매가 개시된 경우, 담보가등기를 마친 때를 기준으로 담보가등기권리자의 순위가 결정된다. ( )

등기 시를 기준으로 담보가등기권리자의 순위가 결정된다.

⑭ 담보가등기를 마친 부동산에 대하여 강제경매 등이 행하여진 경우, 담보가등기권리는 그 부동산의 매각에 의하여 소멸하지 않는다.( )

담보가등기는 저당권으로 취급되어 매각 시 소멸한다.

정답
⑧ O   ⑨ X   ⑩ X   ⑪ O   ⑫ X   ⑬ O
⑭ X

필살키 038 「부동산 실권리자명의 등기에 관한 법률」

2024.5.26. 甲은 친구 乙과 명의신탁약정을 하였다. 그 후 甲은 丙 소유의 X토지를 매수하면서 丙에게 부탁하여 乙 명의로 소유권이전등기를 하였고, X토지는 현재 甲이 점유하고 있다. 각 보기의 괄호 안에 OX를 표시하시오. (다툼이 있으면 판례에 따름)

① 乙은 甲에게 X토지의 반환을 청구할 수 있다. (　　)

② 甲은 丙에게 X토지의 소유권이전을 청구할 수 있다. (　　)

③ 丙은 乙에게 X토지의 소유권이전등기말소를 청구할 수 있다. (　　)

④ 甲은 乙에게 부당이득반환을 원인으로 소유권이전등기를 청구할 수 있다. (　　)

⑤ 甲은 乙에게 부당이득반환청구권을 피담보채권으로 하여 유치권을 주장할 수 있다. (　　)

⑥ 乙이 X토지의 소유자이다. (　　)

⑦ 甲은 명의신탁해지를 원인으로 乙에게 소유권이전등기를 청구할 수 있다. (　　)

해설

명의신탁은 무효이기 때문에 명의수탁자의 등기도 무효이다. 따라서 명의수탁자 乙은 소유자가 아니므로 甲에게 X토지의 반환을 청구할 수 없다.

甲과 丙 사이 매매는 유효이다. 따라서 甲은 丙에게 X토지의 소유권이전을 청구할 수 있다.

소유자는 여전히 丙이다. 따라서 매도인 丙은 乙에게 말소등기를 청구할 수 있다.

甲은 乙에게 부당이득반환을 원인으로 소유권이전등기를 청구할 수 없고, 丙의 말소등기청구권이나 이전등기청구권을 대위할 수 있다.

부당이득반환청구권은 견련성이 없으므로 甲은 乙에게 부당이득반환청구권을 피담보채권으로 하여 유치권을 주장할 수 없다.

명의신탁은 무효이기 때문에 명의수탁자의 등기도 무효이다. 따라서 소유자는 여전히 매도인 丙이다.

명의신탁은 무효이므로 甲은 명의신탁해지를 원인으로 乙에게 소유권이전등기를 청구할 수 없다.

정답
① X　② O　③ O　④ X　⑤ X　⑥ X
⑦ X

⑧ 만약 甲과 乙이 사실혼관계에 있다면 甲과 乙 사이의 명의신탁약정은 유효이다.   (   )

사실혼관계에 있는 배우자 간의 명의신탁은 <u>무효</u>이다.

⑨ 丙은 진정명의회복을 원인으로 乙에게 소유권 이전등기를 청구할 수 있다.   (   )

소유자는 여전히 丙이다. 따라서 진정소유자 丙은 진정명의회복을 원인으로 乙에게 소유권이전등기를 청구할 수 있다.

<u>정답</u>
⑧ X   ⑨ O

내가 꿈을 이루면
나는 누군가의 꿈이 된다.

– 이도준

MEMO

2024 에듀윌 공인중개사 신대운 필살키

발 행 일	2024년 8월 9일 초판
편 저 자	신대운
펴 낸 이	양형남
펴 낸 곳	(주)에듀윌
등록번호	제25100-2002-000052호
주 소	08378 서울특별시 구로구 디지털로34길 55
	코오롱싸이언스밸리 2차 3층

www.eduwill.net
대표전화 1600-6700

여러분의 작은 소리
에듀윌은 크게 듣겠습니다.

본 교재에 대한 여러분의 목소리를 들려주세요.
공부하시면서 어려웠던 점, 궁금한 점,
칭찬하고 싶은 점, 개선할 점, 어떤 것이라도 좋습니다.

에듀윌은 여러분께서 나누어 주신 의견을
통해 끊임없이 발전하고 있습니다.

에듀윌 도서몰 book.eduwill.net
- 부가학습자료 및 정오표: 에듀윌 도서몰 → 도서자료실
- 교재 문의: 에듀윌 도서몰 → 문의하기 → 교재(내용, 출간) / 주문 및 배송

에듀윌 직영학원에서
합격을 수강하세요

언제나 전문 학습 매니저와 상담이 가능한 안내데스크

고품질 영상 및 음향 장비를 갖춘 최고의 강의실

재충전을 위한 카페 분위기의 아늑한 휴게실

에듀윌의 상징 노란색의 환한 학원 입구

🔷 에듀윌 직영학원 대표전화

공인중개사 학원	02)815-0600	공무원 학원	02)6328-0600	편입 학원	02)6419-0600
주택관리사 학원	02)815-3388	소방 학원	02)6337-0600	세무사·회계사 학원	02)6010-0600
전기기사 학원	02)6268-1400	부동산아카데미	02)6736-0600		

공인중개사학원
바로가기

에듀윌 공인중개사 동문회 특권

1. 에듀윌 공인중개사 합격자 모임

2. 앰배서더 가입 자격 부여

3. 동문회 인맥북

업계 최대 네트워크

4. 개업 축하 선물

5. 온라인 커뮤니티

부동산 정보
실시간 공유

6. 오프라인 커뮤니티

지부/기수 정기모임

7. 공인중개사 취업박람회

8. 동문회 주최 실무 특강

9. 프리미엄 복지혜택

숙박/자기계발/의료
및 소식지 무료 구독

10. 마이오피스

동문 사무소
등록/조회

11. 동문회와 함께하는 사회공헌활동

※ 본 특권은 회원별로 상이하며, 예고 없이 변경될 수 있습니다.

에듀윌 부동산 아카데미 강의 듣기

성공 창업의 필수 코스
부동산 창업 CEO 과정

1 튼튼 창업 기초

- 창업 입지 컨설팅
- 중개사무 문서작성
- 성공 개업 실무TIP

2 중개업 필수 실무

- 온라인 마케팅
- 세금 실무
- 토지/상가 실무
- 재개발/재건축

3 실전 Level-Up

- 계약서작성 실습
- 중개영업 실무
- 사고방지 민법실무
- 빌딩 중개 실무

4 부동산 투자

- 시장 분석
- 투자 정책

부동산으로 성공하는
컨설팅 전문가 3대 특별 과정

🏠 마케팅 마스터

- 데이터 분석
- 블로그 마케팅
- 유튜브 마케팅
- 실습 샘플 파일 제공

📍 디벨로퍼 마스터

- 부동산 개발 사업
- 유형별 절차와 특징
- 토지 확보 및 환경 분석
- 사업성 검토

📝 빅데이터 마스터

- QGIS 프로그램 이해
- 공공데이터 분석 및 활용
- 컨설팅 리포트 작성
- 토지 상권 분석

경매의 神과 함께 '중개'에서
'경매'로 수수료 업그레이드

- 공인중개사를 위한 경매 실무
- 투자 및 중개업 분야 확장
- 고수들만 아는 돈 되는 특수 물권
- 이론(기본) - 이론(심화) -
  임장 3단계 과정
- 경매 정보 사이트 무료 이용

실전 경매의 神
안성선
이주왕
장석태

에듀윌 부동산 아카데미 | uland.eduwill.net
문의 | 온라인 강의 1600-6700, 학원 강의 02)6736-0600